—— 作者 ——

埃里克·H. 克莱因

乔治·华盛顿大学古典和近东语言与文明系主任，古典文学、人类学和历史学教授；乔治·华盛顿大学国会考古研究所所长。拥有多年考古挖掘经验，同时也著有多本面向大众的历史畅销书，如《文明的崩塌：公元前1177年的地中海世界》《考古的故事》《圣经考古学》等。2011年获得圣经考古学会“考古学流行图书奖”。

A VERY SHORT INTRODUCTION

THE TROJAN WAR

特洛伊战争

［美国］埃里克·H. 克莱因 著
付满 —— 译

译林出版社

图书在版编目（CIP）数据

特洛伊战争 /（美）埃里克·H. 克莱因（Eric H. Cline）著；付满译.
—南京：译林出版社，2024.1（2024.10重印）
（译林通识课）
书名原文：The Trojan War: A Very Short Introduction
ISBN 978-7-5447-9972-0

Ⅰ.①特… Ⅱ.①埃… ②付… Ⅲ.①特洛伊战争－研究 Ⅳ.①K125

中国国家版本馆 CIP 数据核字（2023）第 220986 号

特洛伊战争 ［美国］埃里克·H. 克莱因 / 著 付 满 / 译

责任编辑 陈 锐
特约编辑 茅心雨
装帧设计 孙逸桐
校　　对 蒋 燕
责任印制 董 虎

原文出版 Oxford University Press, 2013
出版发行 译林出版社
地　　址 南京市湖南路 1 号 A 楼
邮　　箱 yilin@yilin.com
网　　址 www.yilin.com
市场热线 025-86633278
排　　版 南京展望文化发展有限公司
印　　刷 南京新世纪联盟印务有限公司
开　　本 850 毫米 ×1168 毫米 1/32
印　　张 5.125
插　　页 4
版　　次 2024 年 1 月第 1 版
印　　次 2024 年 10 月第 2 次印刷
书　　号 ISBN 978-7-5447-9972-0
定　　价 59.00 元

序　言

王以欣

二十年前，为了完成我的博士论文，我来到牛津大学的古典中心，在阿什摩尔博物馆的图书馆里徘徊寻觅，顺便询问一位牛津学者：哪里能够找到特洛伊研究的藏书？他将我引到古希腊研究的书架前。我随之提出一个幼稚的问题：“特洛伊研究也算古典学吗？”“当然啊！它不仅是古典语言学的研究对象，也是古典考古学的重要分支。”在馆内的一个有趣的角落，书架上摆放着整整一排特洛伊研究的专著，从施里曼的发掘报告、布雷根的四卷本《特洛伊》，直至最新出版的一部图文并茂的德文考古专著，后者汇集了美德联合考古队于世纪之交在特洛伊遗址发掘的最新成果。这里的古典藏书犹如一座宝山，有取之不尽的宝藏。当时国内的研究资料极度匮乏，深入调查特洛伊课题几无可能，多亏牛津的藏书和古典期刊，我的研究需求才得到满足。2002年回国时，我将大量爱琴考古复印资料海运回国，但登机时还是因携带资料过多，行李超重而被罚款。

二十年过去了，国内的研究环境有了显著改善。古典资料不必远赴重洋去搜寻求索；国外攻读古典学的年轻学子也陆续学成归国；古希腊语和拉丁语的教学在文科重点院校渐趋普及；在特洛伊战争研究方面的进展亦复如是。德国图宾根大学与美国辛辛那提大学的联合考古队自1989年以来对特洛伊遗址展开大规模考察，发现了一个比特洛伊古堡大10倍的青铜时代晚期的特洛伊下城遗址。2016年以来，土耳其的考古队重新考察特洛伊遗址，荷兰阿姆斯特丹大学的考古学家们也随之加入考察的行列。希沙利克山丘的遗址上始终活跃着各国考古家的身影，新的考古报告不断出炉；特洛伊研究的新成果也不时涌现，其中不乏知识性和学术性兼顾的作品。美国古典考古家、乔治·华盛顿大学古典学和人类学教授埃里克·H. 克莱因于2013年出版的专著《特洛伊战争》堪称其中的佳作，经付满先生翻译，今以汉英对照形式由译林出版社付梓出版。这是古典爱好者的福音，对专业学者而言也是裨益无穷。

古希腊人冲冠一怒为红颜，为夺回被特洛伊人劫持的斯巴达王后海伦，不惜动用千艘战舰，十万之众，远征小亚细亚西北角的特洛伊古城，苦战十年，终于焚毁了那座雄伟坚固的古堡，抱得美人归来。这个发生在英雄时代（考古学上的迈锡尼时代晚期）的神话叙事，借助于盲诗人荷马炉火纯青的口传史诗，成为古希腊文化传统的集大成者，是古希腊人生活中须臾难离的精神食粮，古希腊文学和历史的摇篮，也是古希腊人留给后世的一笔最为丰厚的文化遗产，历经三千余年的王朝兴替、文化变迁和世事更迭，始终植根于民间文化的沃土中，在地中海世界世代传诵，成为一幅世界文化史的奇观。早在迈锡尼文明崩溃后无文字的“黑暗时代”，特洛伊的传奇故事就在希腊民间口耳相传，被职业化的游吟歌手改编吟诵，历时三百余年。在希腊历史曙光初照之际，即公元前8世纪后期，经某位或多位天才口传诗人（传说的荷马）的整理加工，两部传世的英雄史诗《伊利亚特》和《奥德赛》最终问世。在随后的世纪里，特洛伊战争的其他故事也被陆续加工成英雄史诗，形成一套完整的特洛伊战争史诗诗组，从帕里斯的裁判、劫海伦等战争起因讲起，历经十年战事，最后靠木马计攻陷并焚毁特洛伊，以及英雄返乡和后续的故事，洋洋洒洒，气势磅礴，蔚然大观。尽管这些后期编成的史诗失传，但仍有摘要和残篇存世。公元前6世纪至公元前5世纪，特洛伊传奇成为希腊抒情诗人反复吟诵的主题，也是悲剧诗人钟爱的戏剧素材。史家们将特洛伊战争的故事当作真实的“古史”记录下来，或写入其通史著作中；神话编纂者将其编入散文体的神话故事集，后者被当作神话指南或工具书供人查阅；埃及亚历山大里亚图书馆的学者们则致力于史诗的研究和校勘工作；奥古斯都时代的诗人维吉尔模仿荷马的叙事风格，用拉丁文创作了英雄史诗《埃涅阿斯纪》，讲述特洛伊王子埃涅阿斯率领族人逃离被希腊人焚毁的家园，在地中海四处漂泊，最终在意大利登陆并定居的故事，并预言其后代创建阿尔巴隆加城和罗马城的传奇，将历史上的罗马人说成特洛伊人的后裔，从而在希腊人和罗马人之间搭建起某种文化桥梁，并为后者最终征服前者提供了神话理据。即使是在罗马天主教主宰的西欧中世纪，拉丁文版本的特洛伊战争传奇依旧流传，蛮族国家的王室也纷纷以特洛伊人的后代自居；而在拜占庭帝国统治的东正教世界，古典传统从未中断，荷马史诗仍是研习希腊文法的必读课本；文人雅士，包括东正教的主教们，仍在从事荷马研究并校注其史诗。君士坦丁堡陷落之前，拜占庭学者们将古希腊文的典籍，包括荷马史诗的抄本带到西欧，引发古典文化的复兴热潮，也为欧洲未来古典学的建立奠定基础。文艺复兴时期的诗人、作家和艺术家对古希腊神话题材钟爱有加，各种特洛伊战争主题的诗歌、小说和艺术作品应运而生，也引发欧洲旅行家寻访特洛伊古迹的兴趣。

古希腊罗马时代的新伊利昂城（特洛伊VIII、IX城）是一座真实存在的古典城市，那里的居民相信，他们的城池就坐落在特洛伊古遗址之上。古代很多名人都曾探访过这座古城，包括东征波斯的亚历山大大帝、罗马的恺撒大帝、奥古斯都、哈德良、卡拉卡拉、“背教者”朱里安皇帝等。近代旅行者的探访和考察逐渐确定了古遗址的准确方位，即小亚细亚西北角达达尼尔海峡附近的希沙利克山丘。1871—1873年，德国富商海因里希·施里曼在此发掘，发现了古堡、城墙、城门、塔楼、宫殿、街道和战火破坏的迹象，于是声称找到了被希腊人焚毁的普里阿摩斯国王的城堡，还发现了著名的“普里阿摩斯宝藏”，证明了特洛伊战争的历史真实性。1893—1894年，施里曼的助手，德国考古家威廉·德普费尔德在施里曼发掘的城堡南侧继续发掘，发现了一座更大更雄伟的城堡遗迹。进一步的调查显示：史前特洛伊共有七座相互叠压的城堡（I-VII），施里曼发掘的古堡属于特洛伊II城，存在于公元前2600—前2300年间的铜石并用时代，不可能是迈锡尼时代晚期被希腊人焚毁的城市；德普费尔德发现的古堡，即所谓的特洛伊VI城，在迈锡尼时代晚期可能毁于战火，与荷马描述的特洛伊古城在时间上颇为吻合。1932—1938年，美国考古家卡尔·布雷根再次发掘特洛伊遗址，其结论是：特洛伊VI城可能毁于地震，其废墟之上重建的VIIa城才是被希腊人焚毁的特洛伊城。三位考古家皆断言，特洛伊战争在历史上真实发生。然而，废墟上的石头毕竟不会讲话，无法证实城池的摧毁者就是迈锡尼时代晚期的希腊人。迈锡尼时代晚期的希腊虽有线形文字B档案出土，但都属于宫殿账目管理文献，与历史、文学和外交无涉。同期小亚细亚的赫梯帝国王室档案也引发学界兴趣。相关研究显示，赫梯楔形文献确实记录了小亚细亚西北角存在一座名叫维鲁萨的古城，很可能是伊利昂城（特洛伊别名）的古称，其王阿拉克山杜本是赫梯诸侯，与神话中的特洛伊王子帕里斯的别名亚历山德罗斯（亚历山大）雷同。此外，赫梯文献中还浮现出一个古国，即阿希亚瓦王国，常与赫梯帝国争夺小亚细亚西海岸的控制权，彼此保持外交书信往来，时有军事摩擦发生。赫梯与古典学者如今已形成共识，这个阿希亚瓦王国应是爱琴海西面的阿卡亚人的国家，即考古学上的迈锡尼希腊人的某个王国。遗憾的是，并无直接证据显示，阿希亚瓦王国曾攻打过维鲁萨城。因而，迄今为止，特洛伊战争尚无法获得同期历史文献的证实，依然是个历史悬案。

特洛伊城在希腊人点燃的熊熊烈火中被付之一炬，化为焦土，但诗人荷马在后人心中点燃的燃烧三千年的好奇探究的热情之火却从未熄灭。它促成了古希腊人的荷马研究，诞生了最早的荷马学；它带来了西欧中世纪的文艺复兴；它导致了近代的古典语言学学科的创立；它推动了19世纪后期爱琴考古的热潮，由此导致了古典考古学的建立。至今，特洛伊战争仍是文学艺术再创作的灵感之源，众多影视作品的素材。它留下的千古谜团仍然吸引着一批批虔诚而专业的学者为之奉献毕生的学术才华和精力，让众多的古典爱好者为之心驰神往，不断探究。从这个意义上讲，古典爱好者们不妨读一读这部译著。它不是神话故事的简单汇集，而是严肃的学术史探讨。通过深入阅读，你心中的很多谜团将被解开。

2013年，我曾有幸参观特洛伊古遗址，追寻旧迹，发思古之幽情，并填写了一首怀古词，就用这首词作为本序言的尾声吧：

贺新郎　特洛伊怀古

烈焰焚城处，望荒墟，箐箐草色，断墙高伫。冉冉流光天将暮，落日苍凉满目。深井畔，乱石堆路。蔓草侵阶庭芜绿，冷灶台，不见炊烟户。暮云紫，笼轻雾。

冲冠只为红颜怒，起刀兵，爱琴海上，千帆争渡。十载他乡征夫泪，未见家园归路。断送了，英魂无数。累累坟丘埋枯骨，千古怨，知向何人诉。听旧事，问盲瞽。

献给我的母亲,是她让我在七岁时
发现了特洛伊战争的奇妙之处。

目 录

致 谢 1

导 言 1

第一部分 特洛伊战争

第一章 《伊利亚特》、《奥德赛》和《史诗集成》中记载的传说 9

第二章 历史背景下的特洛伊战争：迈锡尼人、赫梯人、特洛伊人和海上民族 30

第二部分 考察文学证据

第三章 荷马诸问题：荷马存在吗？《伊利亚特》中的记载是真的吗？ 43

第四章 赫梯文献：阿苏瓦、阿希亚瓦和维鲁萨的阿拉克山杜 58

第三部分　研究考古学证据

第五章　早期发掘者：海因里希·施里曼和威廉·德普费尔德　77

第六章　重返希沙利克：卡尔·布雷根和曼弗雷德·考夫曼　92

后　记　112

词汇表：人物和地名　121

译名对照表　128

参考文献　135

扩展阅读　139

致谢

本书简明扼要地介绍了特洛伊战争以及发现和发掘特洛伊/希沙利克的过程，是根据我在乔治·华盛顿大学多次讲授的研讨会课程所编写。此前我就写过特洛伊战争，包括各种学术文章、与吉尔·卢巴尔卡巴合著的一本年轻人读物——《探究特洛伊：从荷马到希沙利克》（2010），以及配合我音频讲座的一本课程导读——《考古学与〈伊利亚特〉：荷马史诗与历史中的特洛伊战争》（2006）。本书是对以上这些内容的更新，也是对这一广受研究的主题的重新调查与解读。

感谢我的编辑南希·托夫和她的助手索尼娅·蒂科一直以来付出的巨大努力。感谢我的妻子黛安·哈里斯·克莱因、我的父亲马丁·克莱因以及两名牛津大学出版社的匿名读者，他们阅读了整个手稿，并就编辑情况提出了修改建议。感谢录书出版社《现代学者》音频书系的埃迪·怀特允许我使用并重新制作最初与我的音频课程一起出版的材料。感谢辛辛那提大学的埃里克·山诺威尔、克里斯托夫·豪斯纳、特雷沃·布莱斯、卡罗尔·赫申森和古典学部。感谢图宾根大学的彼得·雅布隆卡和特洛伊项目为本书提供插图。感谢卡罗尔·贝尔、约翰·本尼特、约书亚·坎农、欧文·库克、奥利弗·迪金森、彼得·雅布隆卡、苏珊·谢拉特、里克·维森和埃里克·凡·东根为本书提供了参考书目和PDF格式的文章。感谢我在乔治·华盛顿大学的学生们，在过去的几年中，他们耐心等待我尝试提炼新的资料。最后，感谢我的家人给予我一如既往的宽容。

图1　约公元前1250年，青铜时代晚期的爱琴海和西安纳托利亚地区，涵盖了希腊大陆、克里特岛、基克拉泽斯群岛和土耳其西海岸（安纳托利亚）的主要城市

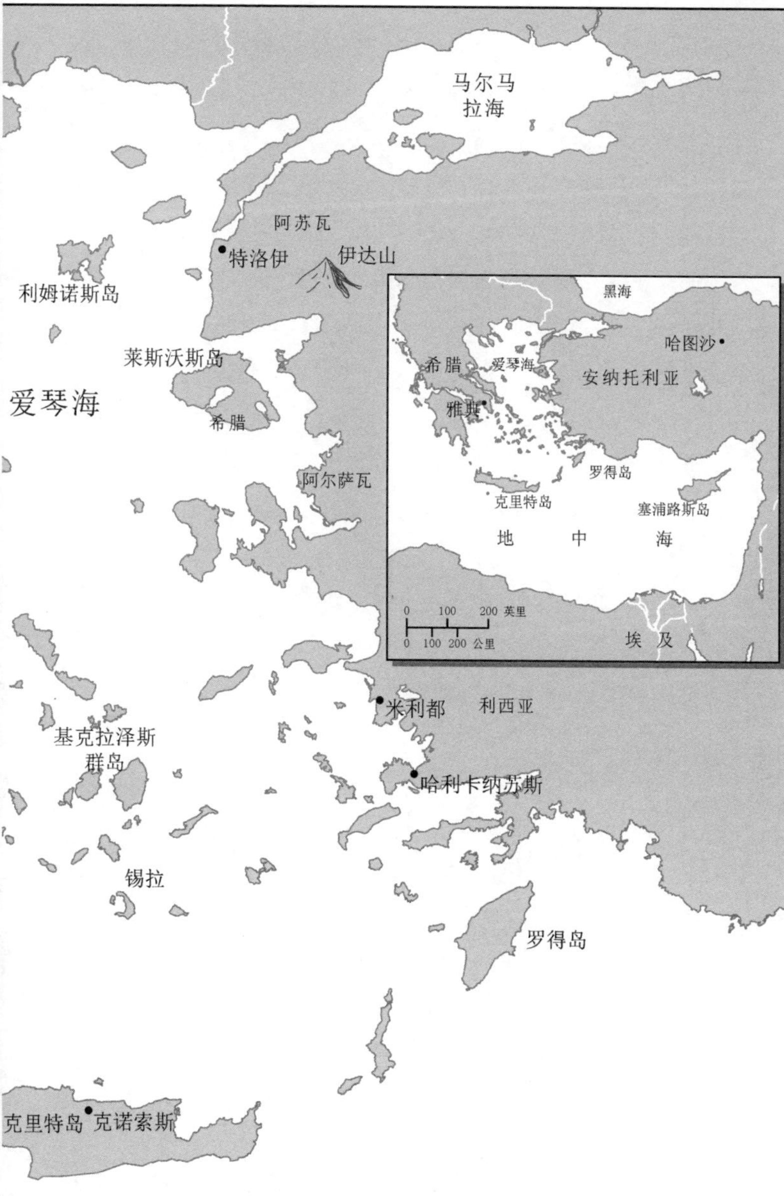
马尔马
拉海
阿苏瓦
特洛伊
伊达山
利姆诺斯岛
莱斯沃斯岛
爱琴海
希腊
阿尔萨瓦
黑海
哈图沙
希腊
爱琴海
安纳托利亚
雅典
罗得岛
克里特岛
塞浦路斯岛
地　中　海
0　100　200 英里
0　100　200 公里
埃　及
米利都
利西亚
基克拉泽斯
群岛
哈利卡纳苏斯
锡拉
罗得岛
克里特岛
克诺索斯

导　言

上古时代是否发生过某场冲突，从中产生了关于特洛伊战争的传说？那场冲突中的战斗是否发生在我们现在称之为特洛伊的地方？古希腊人和古罗马人当然认为这场冲突发生过，而且他们认为他们知道这些战斗发生的地点，就在安纳托利亚（今土耳其）西北部。后来，他们在相同的地点分别建立了自己的城市，希腊人和罗马人都称之为“伊利昂”。据说亚历山大大帝甚至在睡觉时头枕着亚里士多德注解的《伊利亚特》的抄本，而且在公元前334年出征亚细亚时参观了当时推测的特洛伊的遗址。

希腊人和罗马人认为，特洛伊战争不仅是真实事件，而且是世界历史上的一个关键时间点。公元前5世纪，希罗多德和修昔底德在各自撰写的著作开篇中简要阐述了特洛伊战争。然而，后来希腊和罗马的学者及作家中没有一人能完全确定这场战争真实发生的时间。包括希罗多德在内，多数人估计这场战争发生在公元前1334年到公元前1135年，但这些估计通常缺少足量的实质性证据。有些人提出将这场战争发生的时间描述为“亚历山大大帝参观（特洛伊遗址）前一千年”或“希罗多德时代前八百年”。最终，虽然也是主要基于猜测，但公元前3世纪希腊地理学家埃拉托色尼估计的时间——公元前1184年（“第一次奥林匹克运动会前407年”）得到了最多的支持。

中世纪至近代早期的古典学者对此更加持怀疑态度，并经常极力贬低特洛伊战争的重要性，甚至完全不屑一提，认为其是虚构之事。只有到被称为迈锡尼考古学之父的海因里希·施里曼声称在19世纪70年代再次找到了特洛伊遗址时，人们才认真关注起来，认为其可能具有历史现实基础，从而重新把兴趣集中于施里曼在希沙利克（土耳其语为Hisarlık，意为“要塞之地”）新近发掘出的遗址上。自那时以来，相关学术讨论一直没有减弱，争论点集中在几个领域，包括有关荷马、青铜时代的希腊、特洛伊和特洛伊战争本身是否存在的文献证据和考古数据，以及与之相关的具体细节（见图2）。

由于公元前8世纪的荷马以及后续几个世纪的其他古希腊诗人和剧作家的著作中提及了特洛伊战争，有关这场战争的传说中所包含的主题世代流传。基本内容很容易讲述，这就是一部关于爱情与战争、竞争与贪婪、英雄与懦夫的永恒史诗。它围绕着几个核心主人公和众多配角展开。故事中的核心人物主要分为两方，一方是斯巴达国王墨涅拉俄斯的妻子海伦、墨涅拉俄斯的哥哥迈锡尼国王阿伽门农、来自色萨利的几乎所向无敌的迈锡尼勇士阿喀琉斯以及伊塔卡国王奥德修斯；另一方包括特洛伊国王普里阿摩斯的儿子帕里斯、普里阿摩斯本人以及普里阿摩斯年龄稍长的儿子赫克托。

几个世纪以来，特洛伊战争的故事一直令人们心驰神往，并

图2　结束成功的商业生涯后，富裕的海因里希·施里曼把毕生精力投入到寻找和发掘特洛伊遗址上

且催生出无数的学术文章和著作、大量的考古发掘、史诗电影、电视纪录片、舞台剧、艺术和雕塑以及纪念品和收藏品。在美国，除了南加州大学的体育队被称为“特洛伊人”之外，还有十所四年

制的学院和大学的体育队也叫“特洛伊人”。此外，还有三十三个州的城镇名也叫“特洛伊”。特别令人着迷的是对“特洛伊木马”的描述，这一大胆的计划结束了特洛伊战争。“特洛伊木马”还进入到现代术语当中，催生出了一句谚语——“小心带着礼物的希腊人”，并且暗指意图通过向计算机系统中植入“特洛伊木马”从而使其遭受严重破坏的黑客。

但是，荷马的故事令人信服吗？当然，阿喀琉斯、赫克托等英雄们都被刻画得如此可信，以至于人们很容易相信这个故事。但这确实是基于真实事件的描述吗？而且那些主人公是真实存在的人物吗？无论一个女人有多么漂亮，难道古代世界中的整个希腊就会因为她而开战，并且持续十多年之久吗？难道阿伽门农真的是万王之王，能够集合那么多人参加这样一场远征吗？而且，即使有人认为曾经真实发生过特洛伊战争，这是否意味着荷马史诗《伊利亚特》和《奥德赛》中的具体事件、行动和描述，以及《史诗集成》中的其他片段和注解符合史实而可以信以为真？荷马所描述的事情真实发生过，而且是按照他所描述的那样发生的，这可信吗？

简而言之，要想了解更多，需要认真探究以下几个主要问题：我们有什么证据可以证明特洛伊战争确实发生了？如果真的发生了，那么它是在哪里发生的，何时发生的？战争原因是什么？最重要的主人公是谁？（关于特洛伊战争的）传说应该放在什么历史背景下？迈锡尼人和特洛伊人的传奇事迹中是否存在真理的内核？我们是否需要将与青铜时代晚期属于同一时代的其他族群，例如安纳托利亚中部的赫梯人，纳入考量范围？

不断涌现的谜团以及人们对于这些问题答案的持续探索，使得近代对于特洛伊战争的研究直到今天（据推测战争发生时间距今已超过三千年）依然活跃且引人入胜。因此，尽管特洛伊战争的传说非常简单，但要写一本有关特洛伊战争的书却并不像它初看起来那样简单。其复杂性以及对于细节的关注必然会超出人们的预期，而复述荷马讲过的故事只是冰山一角。希腊和赫梯的文献中都记载了多次特洛伊战争，因此必须确定哪一场战争是荷马所记录的战争（如果它确实发生过）。此外，由于希沙利克（古代特洛伊）遗址上先后建有九座城市，因此必须确定哪座城市是普里阿摩斯建造的（如果它确实存在过）。但是在讨论这些之前，必须先讲述故事本身，并根据希腊文献查明我们已知的有关特洛伊战争的信息。

第一部分

特洛伊战争

第一章

《伊利亚特》、《奥德赛》和《史诗集成》中记载的传说

那些在高中或大学里阅读过《伊利亚特》或《奥德赛》的人，阅读过近年来出版的一部或多部译著的人，或者看过好莱坞电影《特洛伊》的人，都对特洛伊战争的故事十分了解。奇怪的是，尽管它们篇幅很长，也描述了很多细节，但《伊利亚特》和《奥德赛》都没有着重描述现代读者所熟悉的许多事件，包括在古代土耳其一处小山坡上发生的决定性遭遇战，使用中空木马的计策攻陷特洛伊，以及后来除奥德修斯之外的古希腊勇士跨海返家的漫长旅途。举个例子，“特洛伊木马”只在《奥德赛》第四卷中墨涅拉俄斯描述其旅程及辛劳时被提及过一次。在《伊利亚特》中则完全没有被提及。

要想了解特洛伊战争及其后果的全部故事，我们必须通读由十二部叙事史诗共同组成的作品集——《史诗集成》，该作品集最有可能出现于公元前8世纪至公元前6世纪，大概是荷马所处的时代或稍后不久。《伊利亚特》和《奥德赛》是作品集中仅存的两部完整诗集。其余的早期史诗大多随着时间的流逝而散佚，只有部分内容因后世作家们的引用或者摘要才得以保留至今。一

位自称为普罗克洛斯（现在一些学者认为他叫欧提基奥斯·普罗克洛斯）的人把这些文学作品片段收集到了一起，他是生活在公元2世纪的罗马皇帝马卡斯·奥里欧斯的语法学家和家庭教师。另有些人将这部作品集归功于另一位名叫普罗克洛斯的人，此人精通柏拉图哲学（一名“新柏拉图主义者”），生活在三百年后的公元5世纪。

但无论如何，其中一位普罗克洛斯将这些来自不同史诗的简短摘要和零星引用集合起来，出版了一本书，名为*Chrestomatheia Grammatiki*。这本书的书名源自希腊语，意为“对学习有用”，是我们现代词汇中“诸家名文选集”的来源，通常定义为“选自一位或多位作者的精选文学作品集”。通过将这些零散的史诗结合起来，普罗克洛斯把此前迥然不同的多个故事创造成了一个似乎天衣无缝的传说。

荷马所描述的细节有时很少，而其他史诗的文学片段正好丰富了这些细节。这些文学片段集合起来之后，提供了有关特洛伊战争起源的信息。它们还描述了希腊人首次入侵特洛伊的失败尝试，并且完整介绍了特洛伊木马的故事。后来，公元前5世纪希腊古典时期的剧作家对特洛伊战争进行了论述，维吉尔、奥维德、李维和昆图斯·斯密尔奈乌斯等更后来的作家提出了不同版本的叙事，拓展并延续了这一传说，增添了更多细节，让这个传说变得有血有肉，从而形成了我们今天所知道的故事。因此毫不奇怪，这些后来增加的内容经常与最初的故事情节相矛盾，比如战争期间海伦是否真的在特洛伊等细节。

《塞普里亚》

《塞普里亚》是《史诗集成》的开篇，最初有十一卷（章），讲述了引起特洛伊战争的一系列事件以及特洛伊战争发生后九年间发生的事。《塞普里亚》目前只余一份概要存世，虽然冗长，但十分有价值。普罗克洛斯告诉我们，《塞普里亚》的原作者不是荷马，而是一个据说来自萨拉米斯岛的名叫赫格西亚斯的人，或者是一个据说来自塞浦路斯的名叫斯达西努斯的人。还有一种不同的传统观点认为，这部史诗实际上是由哈利卡纳苏斯（位于土耳其西海岸）的一个名叫塞普里亚斯的人所写，书名取自他的名字。书中所提到的这三位可能写作此书的人大概都生活在公元前6世纪。

《塞普里亚》刚开篇就告诉我们，（出于未指明的原因）宙斯密谋发起特洛伊战争。为此，他派遣纷争女神厄里斯去参加珀琉斯和海洋女神忒提斯的婚礼。珀琉斯不仅是一位战争英雄，而且是埃伊纳岛的王子。他们后来成为尚未出生的英雄阿喀琉斯的父母。

在他们的婚礼上，厄里斯在赫拉（宙斯的妻子）、雅典娜（代表智慧与战争的女神）和阿芙洛狄忒（代表爱与美的女神）之间主动挑起争论，争论的主题是她们三人当中谁最美丽。后来的资料对这个故事进行了详细说明，指出厄里斯故意向一群宾客当中扔了一个刻有“献给最美丽的人”字样的金苹果，从而引发了争吵。由于赫拉、雅典娜和阿芙洛狄忒都认为自己当之无愧，所以她们无法自行解决争端。因此，宙斯命令信使之神赫尔墨斯带领这三位女神来到位于今土耳其西部（古代称安纳托利亚）的伊达山，她们在那里遇到了一个年轻人。

书中把这个年轻人称为亚历山大，而后来一位注解者在一部最早的现存版本中所作的旁注指出，《史诗集成》中第一次出现的这个亚历山大，具体说来就等同于帕里斯。尽管荷马和早期的希腊诗人称呼他为亚历山大的频率更高，但现代读者更熟悉帕里斯这个名字，这或许是为了避免与后来的亚历山大大帝混淆。在荷马写作的时候，亚历山大大帝还没有出生。书中将亚历山大/帕里斯描述为"凡人中最公平的人"，他同意为三位女神做出裁决，这就是现在人们所熟知的"帕里斯的裁判"。彼得·保罗·鲁本斯的那幅画作——《帕里斯的裁判》为我们提供了令人印象深刻的视觉图像，展现了据说在伊达山上所发生的事。

尽管亚历山大/帕里斯是特洛伊国王普里阿摩斯的儿子，但他在还是新生儿的时候就被驱逐出了宫廷。据说普里阿摩斯做过一个梦，梦到他的妻子赫克犹巴生出的不是儿子，而是一把带有火蛇的火炬。火炬的火花点燃了特洛伊城周围的高草丛，烧毁了整座城市。当普里阿摩斯把解梦人召集到一起时，他们声称这个还未出生的孩子将成为这座城市及其父亲的祸端。他们建议，应当把他遗弃在森林里自生自灭，这样预言可能就不会实现。

刚一出生，这个孩子就被送到了普里阿摩斯的牧民那里。牧民把婴儿带到伊达山，并把他放在野外自生自灭。然而，一只熊救了他，并且养育了他。后来，牧民返回那里，发现这个男孩还活着，于是就把男孩带回了家，当作自己的儿子抚养。

在做出三个女神中谁最美丽的重要决定时，亚历山大/帕里斯并没有意识到自己本身也有皇室血统。直到后来他去了特洛伊，才发现自己的真实身份，并与他的父亲、母亲和整个家庭团聚。可能是出于这个原因，他才有了两个名字。一个是在出生时或与家人团聚后获得的名字，另一个是牧民给他起的名字。当然，关于他为何会有两个名字，还有许多其他可能的解释，其中一种解释认为，特洛伊人和古希腊人使用了不同的名字；另一种解释认为，两个原本不相关的传说融合在了一起，其中一个传说刻画了帕里斯，而另一个则刻画了亚历山大。

第二种解释，也即我们今天看到的是类似故事合并的结果，似乎最有可能，因为正如前文指出的，在这些史诗中名字重复的例子数不胜数，有些名字重复两次，有些甚至会重复三次。不仅存在亚历山大和帕里斯这两个名字，特洛伊附近的一条主要河流也有两个名字（分别是“斯卡曼德罗斯”和“桑索斯”），对迈锡尼人也有另外三种不同称呼（亚该亚人、达南人和阿尔戈斯人）。比如，亚历山大和帕里斯这两个名字在《伊利亚特》第三卷中同时出现（可以参见第16、30行与第325、437行），因此我们轻而易举就发现了重复的情况。总体来看，《伊利亚特》共有七卷使用了帕里斯这个名字，共有五卷使用了亚历山大这个名字。《史诗集成》中对两个名字都有提及。

至于特洛伊城本身，它也有两个名字。尽管荷马和其他所有作者总是把当地居民称为特洛伊人，但在《史诗集成》中，他们所居住的城市有一次被称为特洛伊，有六次被称为伊利昂。在《伊利亚特》当中，荷马还交替使用了这两个说法。比如，在第一卷中（参见第71行与第129行），荷马既把这个城市称作伊利昂，也称作特洛伊。学者们早就知道，伊利昂（Ilios）这个名字用古希腊语书写时，原本的首字母在拼写和发音上都和“W”相近，因此原本是Wilios，而非简单的Ilios。随着时间的推移，首字母消失了，这个城市的名字简化成了Ilios。

不管怎样，这个相当令人难以置信的故事被认为是一种“建城神话”，在上古时代，这一概念通常用来形容和解释某人意外登上王位或成为民族领袖的崛起故事。发生在古代世界其他地方最著名的例子（包括传奇人物和历史人物）有：公元前23世纪美索不达米亚的阿卡德王萨尔贡、公元前13世纪埃及的摩西、公元前8世纪意大利的罗慕路斯和瑞摩斯，以及尤为著名的公元前6世纪波斯的居鲁士大帝。在某种程度上，这些故事都与亚历山大/帕里斯的故事相似。

根据《塞普里亚》中的说法，以及其他古希腊神话和著作中重复讲述的内容，亚历山大/帕里斯选择阿芙洛狄忒作为三位女神之间选美比赛的获胜者，原因在于阿芙洛狄忒承诺他将赢得海伦的爱并娶到海伦。海伦被描述为世界上最美丽的女人。其他两位女神（智慧女神雅典娜、财富与力量女神赫拉）提供的贿赂显然不如娶到美丽海伦的前景那么诱人。

《塞普里亚》略去了亚历山大/帕里斯与家人团聚并搬回特洛伊的旅程，直接讲述了他在那之后穿越爱琴海前往希腊大陆的远航。在那里，他受到斯巴达国王墨涅拉俄斯和他美丽的妻子海伦的热情款待。

墨涅拉俄斯要么是过于轻信别人，要么就是不怎么聪明，因为他在亚历山大/帕里斯到达后不久便前往了克里特岛。尽管当时他仍在款待亚历山大/帕里斯及其随行人员，但《塞普里亚》中没有讲清楚他为何会离开。为什么他不带海伦去克里特岛？这个摘要用语谨慎，只是简单写道："墨涅拉俄斯离开后，阿芙洛狄忒将海伦和亚历山德罗斯（亚历山大/帕里斯）带到了一起，两人成婚之后将大量珍宝装上船，并在夜间航行离开了。"当然，希腊人声称海伦是被绑架的，而特洛伊人则声称她是自愿与亚历山大/帕里斯一起离开的。无论如何，墨涅拉俄斯都有充分理由以"挑拨感情"提出控诉，或者与希腊人交战夺回海伦。

这可能不是海伦第一次被"绑架"。后来，生活和写作于公元300年前后的希腊作家瑙克拉提斯城的阿特纳奥斯曾经写过报告称，海伦在还是年轻姑娘的时候就被英雄忒修斯绑架过。让忒修斯更为出名的或许是，他在杀死克里特岛上的弥诺陶洛斯（人身牛头怪物）之后，与克里特岛国王米诺斯的女儿阿里阿德涅交往的故事。

有趣的是，《塞普里亚》没有说亚历山大/帕里斯和海伦直奔特洛伊，而是说赫拉由于被拒绝依然有点恼火，掀起了一场暴风雨拦截他们，以至于他们的船被刮到了西顿，即现在的黎巴嫩境内。亚历山大/帕里斯并没有轻易下船，而是暂时停止了他与海伦之间的调情，攻击并占领了这座城市。在那之后，这对情人才继续前进并返回了特洛伊。荷马同意这种说法，认为他们在到达特洛伊之前曾在西顿停留，他在《伊利亚特》中写道：

> 那里摆放着西顿妇女精心制作的绸缎长袍，这是神明的亚历山德罗斯（亚历山大/帕里斯）从西顿带回家的。在那次穿越广阔大海的旅程中，他也带回了身为显贵后裔、光彩照人的海伦。
>
> （《伊利亚特》VI：289—292）

不管怎样，《塞普里亚》只是简短提及了这次针对西顿的进攻，没有做出进一步解释。公元前5世纪的希腊历史学家希罗多德听说过《塞普里亚》中这个版本的描述，因为他提到了这段话，而且还引用了上面给出的这几行话作为证据，指出荷马对此也略有耳闻。由于荷马根本没有暗示这次停留是出于敌对，因此他的论点不是很令人信服。但是，希罗多德还详尽地叙述了该故事的另一种版本。在这个版本中，亚历山大/帕里斯和海伦被大风吹得偏航了，他们登陆的目的地是埃及而不是黎巴嫩（《历史》II：113—118）。有关这一点的情节有些扑朔迷离，因为接着就发生了希腊剧作家欧里庇得斯所写的类似的故事情节。欧里庇得斯在他的戏剧《海伦》（创作于公元前412年）中写道，真正的海伦被赫拉匆匆带走，并在埃及待了十年，取而代之的是一个与她相像的幽灵和亚历山大/帕里斯一起去了特洛伊。

根据《塞普里亚》的说法，在得知所发生的事情后，墨涅拉俄斯便回到家，并计划与其兄弟迈锡尼国王阿伽门农一起远征特洛伊，试图夺回海伦。然后，他环游希腊大陆，动员了皮洛斯国王涅斯托尔和奥德修斯。奥德修斯最初假装精神失常，后来才勉强同意参与这次行动。该摘要中没有提及其他希腊城邦领袖和同意参与的人，但《伊利亚特》中所谓的“船舶目录”（《伊利亚特》II：494—759）给出了完整的清单。这里列举了各位国王以及他们各自带来的舰船和士兵，克里斯托弗·马洛在《浮士德博士》一书中概述了他们的数量，关于海伦他如此写道：

> 是这张面孔发动了数千艘船，
> 烧毁了高不见顶的伊利昂塔吗？
> 甜美的海伦，一个吻让我永生。

根据《塞普里亚》的记载，来自迈锡尼的舰船及士兵聚集在希腊大陆维奥蒂亚东海岸的港口城市奥利斯，在那里向众神献祭，然后出发前往特洛伊。不幸的是，在其中一场无法预料的战争灾难中，他们在安纳托利亚大陆特洛伊城南部的一个名为铁乌特拉尼亚的地方登陆，将其误认为特洛伊，并摧毁了它。在他们纠正错误并攻击特洛伊之前，一场暴风雨袭击了他们，驱散了他们的船只。他们不得不在若干年——可能长达九年——之后才在奥利斯重新组织起来，这是研究《史诗集成》片段的德国学者们提出的一个有趣的推测。这场为期九年的延误或许可以解释为什么整个特洛伊战争花了十年时间，但是《伊利亚特》只描述了发生在战争最后一年的一部分事情。

正当他们等待第二次从奥利斯起航时，一系列悲剧事件发生了，这些事件由于后来希腊剧作家们的记述而永久留存。女神阿尔忒弥斯刮起大风，阻止了舰队航行，她这样做的原因可能只有她自己最清楚。这让越来越不耐烦的阿伽门农采取了我们认为非常极端的措施。为了安抚女神，他计划用自己的女儿伊菲革涅亚献祭。然而，《塞普里亚》给这些事件塑造了一个美好的结局，里面写到，在最后一刻阿尔忒弥斯抢走了伊菲革涅亚，并在祭坛上伊菲革涅亚所在位置留下了一只雄鹿，这使她永垂不朽，就像《希伯来圣经》中《创世记》第二十二章记载的那样，亚伯拉罕原本打算用以撒献祭，后用一只羔羊代替了以撒。欧里庇得斯创作于公元前410年的戏剧《奥利斯的伊菲革涅亚》使用了同样的情节，在祭祀时用一只鹿代替了伊菲革涅亚。但是其他作家，比如稍早时期公元前5世纪的希腊剧作家埃斯库罗斯，在他创作于公元前458年的戏剧《阿伽门农》中，最后真让伊菲革涅亚充当了祭品。

不管怎样，这支远征军最终再次起航，首先到达特内多斯岛，其后再到达利姆诺斯岛，最后抵达了安纳托利亚海岸的特洛伊。这次他们袭击了正确的城市。但是攻击失败了，希腊人被特洛伊人击退。《塞普里亚》对这次战斗、其主要参与者以及后续发生的事情都有简要的描述，值得详细引述：

> 然后，希腊人试图在伊利厄姆登陆，但特洛伊人阻止了他们，普罗忒西拉奥斯被赫克托杀死。然后，阿喀琉斯杀死

了波塞冬的儿子库克诺斯，并将特洛伊人击退。希腊人运回了他们战死疆场的人，并派遣特使前往特洛伊，要求交出海伦和她所带走的宝藏。特洛伊人拒绝了，希腊人首先袭击了这座城市，撤出后又蹂躏了周边的邦国及城市。此后，阿喀琉斯希望见到海伦，阿芙洛狄忒和西蒂斯设法促成了阿喀琉斯和海伦的会面。亚该亚人的下一个愿望是返乡，但被阿喀琉斯制止。随后，阿喀琉斯赶跑了埃涅阿斯的牛群，攻陷了吕耳涅索斯和佩达索斯以及许多邻近的城市，并杀死了特洛伊罗斯。帕特洛克罗斯抓走了吕卡翁，把他带到利姆诺斯岛当作奴隶卖掉了。在这些战利品当中，作为奖励，阿喀琉斯获得了布里塞伊斯，而阿伽门农获得了克律塞伊斯。之后，帕拉墨得斯去世，宙斯计划让阿喀琉斯脱离希腊同盟，从而为特洛伊解围。最后还有一份特洛伊联军的目录。

《塞普里亚》的内容摘要至此结束，这同时为荷马创作《伊利亚特》第一卷奠定了基础，也拉开了希腊英雄阿喀琉斯和国王阿伽门农之间战利品之争的序幕。正是因为这一点，《伊利亚特》才与众多史诗融为一体，共同构成了《史诗集成》。

《伊利亚特》

《伊利亚特》详细描述了特洛伊战争第十年（也是最后一年）发生的一些故事，故事情节终止于特洛伊城被占领和洗劫之前。阿喀琉斯与阿伽门农之争是第一卷的序幕，为其余部分故事情节奠定了基础。阿喀琉斯与阿伽门农之间之所以发生争执，是因为根据裁决，阿伽门农必须将战利品之一——来自特洛伊的俘虏、阿波罗祭司的女儿克律塞伊斯交还给她的父亲，而为了弥补自己的损失，阿伽门农夺走了阿喀琉斯从之前战斗中得到的战利品布里塞伊斯。反过来，阿喀琉斯发誓，在阿伽门农把布里塞伊斯归还给他并且向他道歉之前，他不会再参与战斗。阿伽门农拒绝这样做，结果希腊人失去了他们最优秀的战士阿喀琉斯的支持，虽然这只是暂时的，却造成了灾难性的后果。

这场战争持续了长达十年，但《伊利亚特》只讲述了其中不到五十天的故事。书中的信息详尽且令人印象深刻，但内容并不均衡。例如，第一卷讲述了约二十天的故事，而第二卷至第七卷只讲述了两天的故事，其中含有大量细节。第二卷中逐项列出了希腊部队和舰船的目录，还描述了一份相似但更简短的特洛伊部队目录。第三卷讲述了亚历山大/帕里斯和墨涅拉俄斯之间的一对一战斗，这场对决的赢家可以得到包括海伦在内的一切，目的是在不进一步战斗的情况下结束战争。但是，战争并非如此容易结束，因为在最后一刻阿芙洛狄忒解救了亚历山大/帕里斯。在这个故事里，墨涅拉俄斯几乎快要胜利了，当时他抓住亚历山大/帕里斯头盔上的头巾，正要把他拖出战场，这时阿芙洛狄忒设法让头巾断裂，从而在几乎必死无疑的情况下拯救了亚历山大/帕里斯，确保了战争将继续下去。第四卷至第七卷首先讲述了奥林匹斯山上诸神之间发生的事情，然后转向战场，描述了更多的战斗场面。

接下来第八卷至第十卷这三卷详述了一天中的战斗细节，包括亚历山大/帕里斯的哥哥赫克托与希腊巨人英雄埃阿斯之间一场漫长但未分出胜负的决斗。后来，埃阿斯自杀。第十一卷至第十八卷这八卷，占二十四卷本《伊利亚特》全部内容的三分之一，同样极为详细地介绍了一天中的战斗情况。部分原因是，第十六卷讲述了有关阿喀琉斯的同伴帕特洛克罗斯的一系列事件。帕特洛克罗斯借用了阿喀琉斯的盔甲，由于一整天内都在战斗而被误认为是阿喀琉斯，最后被赫克托杀死。第十七卷记述了在赫克托剥去阿喀琉斯的盔甲后，双方为了抢夺帕特洛克罗斯的尸体进行的战斗。

第十九卷至第二十二卷又记述了另一天的战斗。在第二十卷中，阿喀琉斯勇猛归来，参与到战斗当中。众神现在也加入了战斗，波塞冬制造了一场地震来影响战斗的结局。在第二十二卷中，阿喀琉斯杀死了赫克托，并且把赫克托的尸体拖回了希腊营地。第二十三卷至第二十四卷是《伊利亚特》的最后两卷，描述了接下来二十二天里发生的故事，或许是为了再现第一卷中所描述的那二十天里发生的事。在第二十三卷中，帕特洛克罗斯的遗体在一个巨大的火葬柴堆上进行火化，人们还举行了葬礼活动。第二十四卷是《伊利亚特》的最后一卷，描述了阿喀琉斯的愤怒与悲伤。尽管有疑虑，但他最终还是被说服了，把赫克托的遗体交还给了国王普里阿摩斯。在停战的十二天期间，赫克托的遗体又被火化于他自己的火葬柴堆，这作为最后一幕为《伊利亚特》画上了句号。

其他并不完整的史诗讲述了特洛伊战争的剩余事件。这些史诗包括《埃塞俄比斯》、《小伊利昂》和《伊利昂的毁灭》（意为“特洛伊的毁灭”），据信这些史诗创作于公元前8世纪至公元前7世纪。这些剩余事件在更晚一些的一部著作中也有记述，这部著作创作于公元4世纪，作者是史诗诗人昆图斯·斯密尔奈乌斯（士麦那的昆图斯）。昆图斯写了一首长诗，标题是《续荷马史诗》，又名《特洛伊的陷落》，共有十四卷（章），涵盖了从《伊利亚特》结局到特洛伊城陷落的这段时期。绝大多数现代学者都认为，昆图斯可能使用了这些早期的史诗来撰写自己的作品。

《埃塞俄比斯》

《埃塞俄比斯》从《伊利亚特》结束的地方写起，由米利都的阿克提努斯创作，最早可能写于公元前8世纪，大概与荷马的著作属于同一时期。《埃塞俄比斯》共包含五卷（章）。故事始于阿喀琉斯先后杀死亚马孙女王彭忒西勒亚和埃塞俄比亚王子门农。门农是普里阿摩斯的前任特洛伊国王拉俄墨冬的孙子，也即普里阿摩斯的侄子、亚历山大/帕里斯和赫克托的堂兄弟。被杀死的二人当时正带领军队支援特洛伊。

在阿波罗的协助下，亚历山大/帕里斯杀死了阿喀琉斯。由于我们只有这部史诗的简短摘要，所以我们不知道阿喀琉斯是如何被杀死的。但是从后来其他的著作，比如奥维德的《变形记》（12：580—619）中得知，阿喀琉斯被箭射中了脚后跟，这是他身上唯一脆弱的地方。为了使阿喀琉斯刀枪不入，在他小的时候，他的母亲曾抓住他的脚后跟将他浸入冥河中。在为阿喀琉斯的尸体而战之后，希腊人将他带回了自己的船只，在火葬柴堆上将他火化，并为纪念他而举行了葬礼活动。影响这些事件的一件事是，奥德修斯和埃阿斯为了抢夺阿喀琉斯的盔甲而发生的争执阻碍了葬礼，但他们之间的争执要到《史诗集成》的下一部史诗《小伊利昂》才能解决。

《小伊利昂》

普罗克洛斯告诉我们，《小伊利昂》由米提林尼（莱斯沃斯岛上的一座城市）的莱切斯所创作，共有四章。通常认为他生活和创作于公元前7世纪。在这部史诗的开头，奥德修斯战胜了埃阿斯，并且赢得了阿喀琉斯的盔甲和武器。决出胜负之后，埃阿斯自杀，这个剧情后来成为索福克勒斯在公元前5世纪创作的一部戏剧的主题。在这之后又发生了多场战斗，双方都有大量人员战死，其中最重要的一个人就是亚历山大/帕里斯。亚历山大/帕里斯被一个名叫菲罗克忒忒斯的人所杀，后者后来成为索福克勒斯、埃斯库罗斯和欧里庇得斯所创作的戏剧中的主人公。亚历山大/帕里斯死后，一个本来名不见经传的名叫厄帕俄斯的人，按照雅典娜的指示建造了一匹木马。值得注意的是，这是《史诗集成》中第一次引入木马这个概念。

《小伊利昂》暗示这是厄帕俄斯的主意（“厄帕俄斯在雅典娜的指示下建造了木马”）。《奥德赛》（VIII：492—494；另参见XI：523—535）中多次把这个主意归功于厄帕俄斯，其中写道：

“但是现在，改变你的主题，为厄帕俄斯在雅典娜帮助下建造的木马歌唱吧，奥德修斯曾经奸诈地带着这匹木马攻入了城堡。”然而很久以后，昆图斯·斯密尔奈乌斯把这个主意归功于奥德修斯，只是将建造木马归功于厄帕俄斯：

唯一想到这个主意的聪明人，
就是拉厄尔忒斯的儿子（奥德修斯），
他在讲话中说道：
“众神最为敬重的朋友，
如果这是命中注定，尚武的亚该亚人
会通过欺骗的方式攻陷普里阿摩斯的城池，
必须建造一匹装着领袖的木马，
我们将欢迎一场伏击的到来。”

（昆图斯·斯密尔奈乌斯，《续荷马史诗》XII：23—29）

《小伊利昂》简要陈述了接下来发生的事情，其中写道：“然后，在将最优秀的战士藏进木马并烧掉临时营房之后，希腊大军驶向特内多斯岛（紧邻海岸的一座岛屿）。特洛伊人以为自己的麻烦结束了，于是摧毁了一部分城墙，将木马推入城中，并盛宴庆祝，就好像他们已经征服了希腊人一样。”后来包括昆图斯·斯密尔奈乌斯（《续荷马史诗》VII：314—335）在内的希腊作家们，通常将木马内的人数定为三十人（有些传说将人数增加到四十人），并给出他们的名字，包括首领奥德修斯、小埃阿斯、狄俄墨得斯和墨涅拉俄斯自己。然而,《小伊利昂》的摘要很简短,甚至都没有给出这些人的名字,戛然而止。故事将在下一部史诗《伊利昂的毁灭》(又叫《特洛伊的毁灭》)中继续。

《伊利昂的毁灭》

《伊利昂的毁灭》(又叫《特洛伊的毁灭》)仅由两章组成,但情节丰富,使这一阶段的史诗传说进入了尾声。它的作者是米利都的阿克提努斯,此人也创作了《埃塞俄比斯》。在这部史诗中我们了解到,虽然特洛伊人将木马拉入了城中,但对此感到可疑,而且就下一步该怎样做进行了辩论。最终,他们决定将其献给雅典娜,并"相信战争已经结束,转而享受欢乐和盛宴"。然而,还有些人仍然持怀疑态度,在《埃涅阿斯纪》第二卷中,罗马诗人维吉尔让特洛伊的波塞冬祭司拉奥孔警告他的同胞们,他这样说道:"特洛伊人民,不要相信这匹木马。无论是什么,我都怕希腊人,甚至是那些带着礼物的希腊人。"从这里引申出我们熟知的一句谚语——"小心带着礼物的希腊人!"此外,由此也引申出了特洛伊木马作为计算机病毒的概念。这种病毒是现代技术的灾难,尤其是因为它让黑客能够通过秘密安装在计算机上的"后门"程序进入系统。

拉奥孔的警告很有先见之明,因为《特洛伊的毁灭》接下来就写道,希腊军队在夜幕掩护下从特内多斯岛返航,同时木马中的勇士"冲出来进攻敌人,杀死许多人并猛攻这座城市"。普里阿摩斯在宙斯的祭坛前被杀,赫克托的小儿子阿斯蒂阿纳克斯被敌人从城墙上扔了下去。

由于希腊人战胜了特洛伊人，墨涅拉俄斯重新得到了他的妻子海伦，并把她带到希腊的船只上，准备返家。在杀死更多人和分配完包括女俘虏在内的战利品之后，胜利的希腊人启程回家，并不认为雅典娜会计划在途中消灭他们。至此，《特洛伊的毁灭》的剧情就结束了。这部史诗讲述了特洛伊木马和希腊人征服特洛伊城的故事。它把战争结束后的故事留给了另外一部史诗《诺斯托伊》（又名《返乡》）。

《诺斯托伊》

根据普罗克洛斯的说法，共有五章的《返乡》由特洛伊西纳的阿基亚斯所撰写，其他资料认为这部史诗的创作时间可以追溯到公元前7世纪或公元前6世纪。特洛伊西纳是希腊大陆上的一个小镇，恰好也是传说中的英雄忒修斯的故乡。《返乡》讲述了除奥德修斯之外其他希腊英雄如何穿越爱琴海返回故乡和王国的故事。

在《返乡》中，皮洛斯国王涅斯托尔和赫拉克勒斯的侄子、阿尔戈斯国王狄俄墨得斯都毫发无伤地回到了家中。然而，曾与阿伽门农争论何时离开特洛伊的墨涅拉俄斯在航行返家过程中却被困在了暴风雨里。到达埃及时，他的船队只剩下了五艘船。《返乡》中没有告诉我们更多的信息，但是荷马在《奥德赛》（III: 299—304）中充实了这部分内容，包括让墨涅拉俄斯后来告诉忒勒马科斯，他到埃及后在地中海以东地区游荡了八年，除了埃及之外还去了塞浦路斯、腓尼基、埃塞俄比亚和西顿。然后，他继续返回斯巴达的旅程。史诗中这样写道："我四处游荡，经历了很多苦难，在第八年的时候我才用船只把财富带回了家。我游历过塞浦路斯、腓尼基和埃及，遇到过埃塞俄比亚人、西顿人和埃雷比人，然后我又去了利比亚，那里的羔羊从一出生就去掉了角。"（《奥德赛》IV：80—85）

另一方面，阿伽门农最初为了安抚雅典娜而留在了特洛伊，后来终于航行返家，却和同伴一起遭到他的妻子克吕泰墨斯特拉及其情夫埃癸斯托斯的谋杀。这个插曲以及随后关于他的两个孩子俄瑞斯忒斯和厄勒克特拉的事件，在后来的公元前5世纪希腊剧作家的作品中得到详细阐述。这些剧作家包括埃斯库罗斯、索福克勒斯和欧里庇得斯。这部史诗在结尾部分简单提到，墨涅拉俄斯在阿伽门农被谋杀后才最终返回了家，据推测海伦和他同行。

《奥德赛》

荷马所作的《奥德赛》是《史诗集成》中现存的另一部完整史诗，按照顺序排在《返乡》之后。《奥德赛》主要讲述了特洛伊战争结束后奥德修斯长达十年的归家旅途，以及旅途中所遭遇到的艰辛。《奥德赛》和《伊利亚特》一样，也包含二十四卷（章）。经过世世代代的口耳相传之后，这个故事已经广为人知。

奥德修斯的旅途与特洛伊战争的传说本质上并不相关，但这部史诗确实时不时地让奥德修斯或者他的某位战友有机会回顾一下战争年代，提供额外的细节，进而充实其他史诗概要中只是简短呈现的内容。经历了许多冒险之后，奥德修斯最终得以返回家中，并在儿子忒勒马科斯的帮助下，杀死了妻子珀涅罗珀身边成群结队的追求者。然后，他重新坐上了伊塔卡岛国王的宝座。

《泰列格尼》

在《奥德赛》之后，《史诗集成》中的最后一部作品《泰列格尼》问世。根据普罗克洛斯的说法，《泰列格尼》仅由两章组成，作者是昔兰尼的欧伽蒙。昔兰尼是希腊在公元前7世纪建立的殖民地，也即现在的利比亚。人们认为，欧伽蒙在稍后的公元前6世纪就创作了这部作品，基本上可以说是《奥德赛》的后记。《泰列格尼》始于珀涅罗珀追随者的葬礼，终于奥德修斯被杀。奥德修斯死于他的另一个儿子忒勒戈诺斯的手中，忒勒戈诺斯是奥德修斯在战后归国途中与女神瑟茜同居一年期间生下的儿子。

后期作家

后期的希腊剧作家，以及奥维德、李维和维吉尔等罗马作家，都在不断充实从《史诗集成》中发现的细节，尤其是战争后发生的事件。由于在时间上更接近特洛伊战争，因此早期史诗中发现的细节可能比后期作品中描述的细节更值得信赖。但是读者应该意识到，即使是这些早期的史诗，也是直到公元前8世纪，即最初战争后五百多年才由作家记录下来，并且可能是在两百年之后，即公元前6世纪才正式成文。因此，对于荷马时代的学者和青铜时代的爱琴海地区考古学家而言，这些细节的准确性值得关注。同样，荷马本人是否真实存在，以及他是不是《伊利亚特》和《奥德赛》的作者，也是一个疑问。

第二章

历史背景下的特洛伊战争：迈锡尼人、赫梯人、特洛伊人和海上民族

假如特洛伊战争确实发生了，那么古代和现代学者都会同意这样的观点：这场战争发生在青铜器时代晚期，接近公元前2千纪末期。在那个时期，希腊大陆的迈锡尼国和安纳托利亚的赫梯国是古代地中海地区两个最强大的国家，夹在这两个国家中间的是特洛伊和特洛阿德地区（安纳托利亚的比加半岛）。公元前1700年至公元前1200年，两大文明都在繁荣发展。假如特洛伊战争真的发生了，那么战争时间一定是在这两大集团灭亡之前。虽然特洛伊人只是由于安纳托利亚西北部希沙利克遗址的发掘才为人们所知，但迈锡尼人和赫梯人现在已经相当知名。另一个可能参与特洛伊战争的群体——不断迁徙的海上民族，虽然鲜为人知，但令世人充满好奇。

迈锡尼人

1876年，海因里希·施里曼开始发掘希腊大陆的迈锡尼古遗址，当时人们对青铜器时代晚期居住在该地区的文明知之甚少。1870年，施里曼着手寻找普里阿摩斯的特洛伊城，并很快确定了

它在土耳其西北部的位置，他决心找到阿伽门农的王宫。

他在迈锡尼的发掘工作给这个文明赋予了名字——迈锡尼文明。他在迈锡尼以及附近的梯林斯遗址的工作，很快得到了其他不同国籍的早期考古学家的补充。这些考古学家找到并且发掘了希腊大陆、克里特岛和基克拉泽斯群岛上的其他青铜器时代的遗址。不到二十年时间里，人们弄清楚了这样一个事实：在约公元前1700年至公元前1200年间，迈锡尼文明就已经在希腊大陆上建立起来了。有关这一主题的第一部权威著作——《迈锡尼时代：关于前荷马时期希腊遗迹和文化的研究》在1896年出版。

迈锡尼文明不仅可以从迈锡尼等遗址发掘过程中发现的物质遗迹中得到重现，还可以从希腊大陆甚至是克里特岛上的大多数主要迈锡尼遗址中发现的一系列泥板中再现。泥板上刻有一种如今被称为线形文字B的文字系统，它们是当黏土仍然湿润时就被刻在泥板表面的。线形文字B在1952年成功得到破译，它是希腊语的一种早期形式，主要由需要永久记录涉及人员和货物清单的库存以及商业往来的行政官僚机构使用。

20世纪30年代，美国辛辛那提大学考古学教授卡尔·布雷根在皮洛斯发现了最大规模的线形文字B泥板。传说皮洛斯是年老睿智的涅斯托尔国王的故乡。皮洛斯城位于希腊大陆西南部，在公元前1200年前后遭到毁坏。皮洛斯城的毁灭只是更大规模灾难的一部分，这场灾难终结了迈锡尼文明。火灾意外烘烤了泥板，将它们保存在掉落的地方，数千年后人们发现并且破译了它们。

刻在这些泥板上的文献不是文学杰作，而是简单的商业记录，主要包含一些普通的进出宫殿的物品清单，里面逐行记载着需要修理的战车车轮的数量、送回迈锡尼的布匹数量，以及需要喂养的奴隶的数量。在皮洛斯发掘的文献中列出的一些女性工人，通过解译，其种族名称起源于安纳托利亚西部。这些妇女来自土耳其西海岸的米利都、尼多斯和哈利卡纳苏斯。其他人则来自毗邻海岸的多德卡尼斯群岛。他们可能是特洛伊战争前几年被迈锡尼人购买或俘获的奴隶。

迈锡尼人的经济基于所谓的地中海三宝——葡萄、橄榄和谷物。这是一种主要以农业为基础的生活方式，耕作之外辅以少量渔业，至少对大多数人来说是这样。上层阶级能够享受更多的奢侈品，拥有黄金、白银、青铜、象牙和玻璃制成的商品和物品。诸如批发商、工匠和长途商贩之类的中产阶级维持并提供了上层阶级奢侈享受所需的东西。纺织业和香料业是利润最高的两个行业，橄榄油和葡萄酒的生产也是如此。

其中一些商品——尤其是纺织品、香料和橄榄油——不仅在希腊本土，而且远在埃及、迦南（今以色列、叙利亚和黎巴嫩）甚至美索不达米亚（今伊拉克）都很有市场。迈锡尼陶器在国内外也很热销，尽管人们并不总是清楚它的价值是来源于其本身还是有时它所装的内容物。在现代发掘过程中，人们发现了几千个迈锡尼的罐子、花瓶、高脚杯和其他器皿。从埃及延伸到安纳托利亚及包括特洛伊在内的其他地方，人们每年都能发现更多的物件。

为了与这片土地上至高权威的身份相称，迈锡尼国王的宫殿通常建在希腊每个地区最高的山丘上。它们戒备森严，城堡入口处有厚厚的城墙和坚固的大门，比如迈锡尼所谓的狮门。然而，这些宫殿不仅仅是国王的住所，还用作储存地和分配中心，用于储存和分配来自国内外的商品和丰收时节收获的农产品，以备后用。在城堡围墙内，宫殿周围还建有国王的侍臣、行政人员及王族成员的住所，以及宫殿工匠们的作坊。

在希腊，几乎每个迈锡尼国王宫殿城堡下面的山坡上都散布着贫民区的房屋。这里和周围的小村庄里都居住着普通的农民、批发商、商贩和工匠，每个王国都要依赖这些人。这些人中的大多数，不管是男性还是女性，都不知道如何阅读或写作，可能只有不到1%的人识字。

迈锡尼文明在公元前1200年或之后不久走向终结，这是文明普遍崩溃的一个体现，当时影响了整个地中海地区。其走向终结的原因尚不完全清楚，但可能涉及多种因素，包括干旱、地震以及外部族群的入侵。

赫梯人

赫梯文明因《希伯来圣经》而得名，但直到公元19世纪被重新发现之前，这一文明实际上已经从现代世界的视野中消失。《圣经》中多次提到赫梯人，主要是将其作为众多迦南部落中的一支，其他迦南部落还包括亚摩利人、希未人、比利洗人和耶布斯人。《圣经》中还具体提到了一些赫梯人，包括赫梯人埃夫龙，亚伯拉罕从他那里为自己的妻子萨拉买了一块墓地(《圣经·创世记》23：3—20)；以及赫梯人乌利亚，他是拔示巴的第一任丈夫(《圣经·撒母耳记下》11：2—27)。所罗门王的随从中也有“赫梯妇女”(《圣经·列王纪上》11：1)。

经过瑞士探险家约翰·路德维格·伯克哈特等先驱和英国亚述学家塞斯等学者的调查，最终真相大白，赫梯人的定居地点并不在迦南，而是在安纳托利亚。《圣经》中之所以写错位置，有可能是因为在《希伯来圣经》于公元前9世纪至公元前7世纪写作完成时，最初的赫梯人就已经消失了。然而，他们的后代——所谓的新赫梯人——当时已经在迦南北部地区定居下来。正是因为《圣经》的作者们很熟悉这些人，因此才会在提到他们时弄错时代。此外，很明显，“赫梯人”这个名字用词不当。由于《圣经》中提到了赫梯人，学者们就采纳了这个词，用于指代这个青铜器时代晚期的安纳托利亚王国。然而，赫梯人从不称自己为赫梯人，相反，他们称自己为“哈梯国的国民”。

到1906年，德国考古学家已经开始在赫梯国都城哈图沙进行挖掘。不到一年，他们就发现了泥板，这些泥板记录了日常生活的方方面面，此外还有一些官方档案记录和条约。这些记录是用几种不同的语言写成的，包括赫梯语、阿卡德语和卢维语，所有这些语言在很大程度上都已经被破译。所有的文献都可以追溯到青铜器时代晚期，原因在于赫梯文明同迈锡尼文明一样，其兴盛期也是在约公元前1700年到公元前1200年间。

我们从上述那些发掘以及在今土耳其国内许多其他地方的

发掘中得知，在公元前17世纪中叶，赫梯国从一个面积较小、鲜为人知的王国发展成为一个初具规模的帝国，并把国都建在哈图沙（今博阿兹科伊，位于安卡拉以东一百二十五英里）。几十年后，他们已经强大到足以攻击巴比伦，推翻了由汉谟拉比创建的古巴比伦王国。此后，直到公元前12世纪赫梯文明崩溃之前，他们作为近东地区主要的超级大国与埃及相抗衡。

我们还从发现于现代埃及、叙利亚、伊拉克以及哈图沙的文献中了解到，在青铜器时代晚期，赫梯人即与其他大国之间开展了贸易、辩论以及其他方式的互动交流。上述大国包括埃及新王国、亚述王国、巴比伦王国，以及位于乌加里特和叙利亚北部、安纳托利亚等其他地方的较小王国，比如特洛伊（赫梯人称之为维鲁萨或维鲁西亚）。总体而言，虽然我们有文字证据表明赫梯人有时也会进口谷物，可能还有橄榄油和葡萄酒，但他们似乎已经相当自给自足。经过一个世纪的发掘和研究，学者们现在对于重现赫梯社会、宗教、外交、建筑和物质文化相当有信心。

赫梯国的实力巅峰出现在公元前14世纪至公元前13世纪，特别是在国王苏彼鲁流玛一世和他之后的统治者统治期间，此时赫梯帝国的势力范围扩张至叙利亚北部，开始与埃及新王国频繁发生摩擦，偶尔还会爆发冲突。最后一位伟大的赫梯国国王图达里亚四世，其统治期为公元前1237年至公元前1209年，他声称征服了塞浦路斯岛，并带走了金银。在那之后不久，公元前1200年前后，赫梯帝国就土崩瓦解。根据埃及的文献资料，这可能是因为海上民族摧毁了“哈梯国”，或者是位于哈图沙北部的不友好邻国卡什卡消灭了它。

特洛伊人

从青铜器时代开始，特洛伊和特洛阿德地区就一直是主要的十字路口，控制着从南到北和从西到东的路线，包括连接地中海和黑海航道的达达尼尔海峡入口。因此，谁控制了特洛伊，谁也就有可能从经济和政治上控制整个地区。从特洛伊战争时代一直到第一次世界大战中的加里波利之战，为何这么多世纪以来会有如此多不同的民族都想占据这个地区，也就不难理解了。因此，我们或许不应该感到惊讶，迈锡尼人也会对特洛伊和安纳托利亚西海岸感兴趣，尤其是因为特洛伊不仅位于他们在爱琴海所控制地区的边缘，也位于赫梯帝国的边缘。

但是，人们对真正的特洛伊人知之甚少。迈锡尼人和赫梯人各自拥有多个可以找到他们物质文化和文献的地方，而特洛伊人只占据了一个地方，即特洛伊及其紧邻的周边区域。此外，正如学者们指出的那样，特洛伊人，照字面理解，就是指在某个特定时期碰巧生活在这座城市的任何人。由于这座城市在其历史上多次被摧毁和占领，至少有九座不同时期的城市遗址重叠在土耳其西北部希沙利克的土丘（此处被确定为古特洛伊城所在地）上，因此，将公元前3千纪的特洛伊人种族与一千年之后的公元前2千纪末期特洛伊战争时期相比，很可能已经发生变化；又过了一千年后，当希腊化时代的希腊人和罗马人占领这个地方的时候，特洛伊人的种族又会发生变化。

然而，如果我们专注于特洛伊战争时期，不仅可以从过去一个多世纪在希沙利克/特洛伊进行的四组发掘工作中收集到一些信息，而且还可以从同一时期其他文明所在地区发现的一些文献中获取信息。例如，我们在赫梯人的文献中发现了特洛伊，就可以认为我们将特洛伊等同于他们称为维鲁萨的城市是正确的。这些信息显示出一种持续数百年的关系，有时敌对，有时和平，其中特洛伊国王经常充当赫梯大帝的附庸国统治者的角色。

特洛伊人很可能也参与了标志着青铜器时代晚期世界进入国际化的国际贸易。在希沙利克的发掘过程中，考古学家们发现了许多与编织有关的纺锤，这表明当时出现了大规模的纺织品生产。荷马还将特洛伊人比作马的饲养者，马是青铜器时代军队双轮战车所必需的珍贵商品。然而，纺织品和马都是易腐材料，考古记录中几乎不会保留这些。因此，除了一种可能是特洛阿德地区生产的、已被确认为“特洛伊灰陶器”的特定类型陶器之外，我们很难确定此时可能出口到地中海其他地区以及迈锡尼的任何特洛伊商品。

海上民族

由于海上民族两次进攻埃及，一次在公元前1207年法老美楞普塔统治期间，第二次在公元前1177年法老拉美西斯三世统治期间，所以我们对海上民族的了解主要来自埃及的记录。一直以来，它们都让古代地中海地区的历史学家和考古学家们感到困惑和迷惑，原因在于他们似乎是突然冒了出来，造成了广泛的破坏，与本地区一些最强大的国家较量一番之后，又突然从历史中消失了。埃及人在碑文中称他们为“海上民族”，根据碑文中的描述，他们来自北方，来自海中的岛屿。拉美西斯三世具体说道：

> 异邦在他们的岛屿上策划了阴谋。各国疆土在战斗中一下子被毁灭和分散。在异邦人的武器面前，无一领土幸免，从哈特、库德、卡尔凯美什、阿尔萨瓦到阿拉西亚，这些国土瞬间就被切断。异邦在阿莫尔一地扎营，居民惨遭屠戮，此地仿佛从未存在。他们正向埃及走来，而圣火已经在他们面前准备好了。他们是由佩雷散特人、闸卡尔人、舍克利斯人、达奴那人和万舍斯人联合起来形成的联盟。他们的铁骑踏遍地球，占领一切所到之处。他们坚信：“我们的计划会成功！”

根据传统的解释，在青铜器时代晚期，即公元前1200年前后，海上民族终结了大部分文明世界，包括赫梯文明、迦南文明、迈锡尼文明和米诺斯文明，但随后海上民族自己又被埃及人所灭。在从西向东横渡地中海地区的劫掠浪潮中，海上民族所造成的破坏无法挽回。

然而，根据最近的解释，海上民族所进行的实际上可能更像是整个民族的迁徙运动，包括男人、女人、孩子和高高堆在牛车或其他役畜拉车上的财产，而非劫掠方。他们为什么开始迁徙是一个备受争议的问题；最有可能的原因是自然灾害，比如长期干旱，或者甚至是家乡发生了地震。他们可能本不应该像人们所想象的那样对青铜器时代末期可观察到的破坏负有责任，相反，他们只是导致地中海文明在那个时候终结的众多因素中的一个罢了。再者，尽管有人提出过相关设想，但目前尚不清楚他们是否袭击了特洛伊，或者与特洛伊战争有任何关联。

文学上的战争

青铜器时代晚期，生活并不总是太平，甚至贸易伙伴和邻近文明之间的关系也并非总是友好。尤其是在公元前1500年至公元前1200年期间，除了假定发生的特洛伊战争之外，还有许多重大战役，这些战役要么在当时的各个大国之间进行，要么在扩张时期由它们与较小的国家之间进行。例如，除了在公元前1207年和公元前1177年分别发生了对抗海上民族的战斗之外，埃及人还在三个世纪前的公元前1479年，在位于现代以色列的美吉多（《圣经》中的哈米吉多顿）与迦南叛军的一支军队作战。这场战役以法老图特摩斯三世领导的埃及人取得决定性胜利而告终，其细节被妥善铭刻在位于埃及卢克索的卡纳克神庙的墙上，使其成为历史上第一次有记载的战役。

公元前1286年，埃及人在现代叙利亚的卡叠什遗址也进行了一场重大战役。这一次，法老拉美西斯二世率领的埃及军队与国王穆尔西里二世率领的赫梯军队对峙。他们开战是为争夺这一地区的土地控制权，该地区是赫梯帝国北部和埃及帝国南部之间存在争议的领土。这场战斗结束后，双方都声称自己取得了胜利，并签署了条约。该条约的副本可以在埃及和安纳托利亚的哈图沙找到。

这些战役的共同点是，虽然有文学证据提供支撑，而且没有理由怀疑其真实性，但目前还没有确实的考古证据能够证明它们发生过。可以说，特洛伊战争也是如此，我们也有文学证据，但没有明确的考古证据（尽管考古证据可能也在变化，但这取决于人们如何解释最近在希沙利克遗址的发现）。因此，在青铜器时代晚期，特洛伊战争并非独一无二，首先，它的出现方式并不独特；其次，如今将其呈现在我们面前的文学风格也不罕见。

第二部分

考察文学证据

第三章

荷马诸问题：荷马存在吗？《伊利亚特》中的记载是真的吗？

研究特洛伊战争希腊文学证据的现代学者们普遍关注所谓的“荷马诸问题”。这实际上由许多较小的问题组成，其中最相关的是：“荷马存在吗？”以及“荷马的《伊利亚特》和《奥德赛》中的信息是否反映了青铜器时代（特洛伊战争时期）、铁器时代（荷马生活时期），或者这两个时代之间发生的事？”虽然这两个问题都很重要，但后者对于研究特洛伊战争、发掘特洛伊遗迹或者试图重现青铜器时代爱琴海和地中海东部地区生活的学者们来说，具有更为重要的意义。

荷　马

事实上，人们对荷马本人或他的生活知之甚少。古人将他视为最受尊敬的吟游诗人——一位吟唱过往时代英雄事迹的旅行吟游诗人。他仍然被认为是希腊最早出现的，可能也是最伟大的史诗诗人。据说他的才华在于编纂、组合甚至最终写下了特洛伊战争的（或多个）故事。一位名叫巴里·鲍威尔的学者提出了一个相当不寻常的推测，即发明希腊语字母就是为了记录史诗——

它是“由一个人发明的……为了记录我们称之为荷马的诗人的希腊语六音步诗行”。还有人认为荷马可能创作了史诗，但原本只是想让这些史诗像早期史诗一样通过口头方式流传，而我们现在所知的《伊利亚特》和《奥德赛》被以文字记录，可能要到公元前6世纪甚至更晚。

假设荷马真实存在并且是史诗的作者（这两个问题还有待进一步讨论），那么他生活在什么时候，住在哪里？希罗多德认为荷马生活在他自己时代之前约四百年，他说：“据我认为，荷马和赫西奥德……生活在我所处时代前四百年。”（《历史》II：53）由于希罗多德生活在约公元前450年，据此推测荷马应生活在公元前9世纪中叶，即约公元前850年。然而，经过几十年的讨论，学者们现在普遍将荷马生活的时代后推了大约一个世纪，即公元前750年，部分原因是他的一名学生——米利都的阿克提努斯（《埃塞俄比斯》和《伊利昂的毁灭》的作者）——据说出生于公元前744年（参见亚历山大城的克莱门特，《杂文集》1.131.6）。

古希腊学者、作家和诗人，其中包括亚里士多德和品达，就荷马的出身一直争论不休。有人认为荷马来自安纳托利亚西海岸的士麦那市（今土耳其伊兹密尔市），并在希俄斯岛工作多年；其他人则说他出生在希俄斯岛或伊奥斯岛上。简而言之，关于他的出身从未有过普遍共识。的确，许多学者坚持认为他从未存在过，至少不像人们普遍描述的那样。

另一方面，有人认为荷马不是单一的个体，而至少是两个人。事实上，长期以来德国学者（其中包括弗雷德里希·奥古斯特·沃尔夫在1795年的观点）尤为认定《伊利亚特》和《奥德赛》由不同的人写成。曾经由计算机对文献开展的文体分析似乎证实了这一结论，但尚未达成普遍共识。也有人认为荷马不是一名男性，而是一名女性。尽管人们最近对这一假设的情况进行了探索，但最初的假设可以追溯到一个多世纪以前，由塞缪尔·巴特勒于1897年写作时提出。

也许最有趣、最合理的说法是，"荷马"不是一个特定的人，而是一种职业。也就是说，没有一个名叫"荷马"的人，而是一个职业为"荷马"的以吟唱特洛伊战争史诗为生的旅行吟游诗人。如果是这样，那么当一种新的书写系统在公元前8世纪变得广泛可用时，这些职业吟游诗人可能已经写下了战争故事的口头版本。总体而言，有关荷马的推测和书籍并不缺乏。然而，一言以蔽之，我们实际上对他几乎一无所知。最重要的是，他是否真的写了那两部人们普遍认为应归功于他的著作——《伊利亚特》和《奥德赛》。

青铜器时代还是铁器时代？

至于"荷马诸问题"的第二部分，我们很可能会问，《伊利亚特》和《奥德赛》中的信息是否反映了青铜器时代（公元前1700年至公元前1200年）、铁器时代（公元前1200年至公元前800年），或者这两个时代之间发生的事件。为了回答这个问题，我们必须使用从文献中收集到的信息，并将其与考古中获得的信息进行比较。

首先，我们测试一个前提，即《伊利亚特》、《奥德赛》以及《史诗集成》中其他史诗的描述准确反映了青铜器时代的希腊社会，并且在公元前1250年至公元前750年之间的五百年间，这些史诗一字不差地流传了下来，没有被吟游诗人们淡化。五个世纪以来，某个诗人或众多诗人能否准确地记忆并传承数万行诗句的信息？我们有什么证据或者例子可以表明情况可能就是这样？

运用民族志类比分析的现代学者，比如20世纪20年代的米尔曼·帕里，通过记录下南斯拉夫、土耳其和爱尔兰等国的现代诗人和吟游诗人背诵并且演唱史诗的事例，已经证明吟游诗人确实可以准确地口头传承数千行史诗。显然，准确传承这样的诗句不成问题，特别是如果许多诗句或者描述都比较陈腐刻板而且多次重复的话，比如“灰眼睛的雅典娜”、“脚步敏捷的阿喀琉斯”和“玫瑰色的黎明”等。

《伊利亚特》中的“船舶目录”（《伊利亚特》II：494—759）总共提及了1 186艘船，许多学者认为这是对青铜器时代遗留物合理准确的记录。在长达五个世纪的进程中，该“船舶目录”由一代又一代的吟游诗人口头传承。考古调查表明，目录中列出的许多派遣人员和船只的城镇仅在青铜器时代有人居住，而在荷马时代早已废弃。在荷马有生之年，如果这些曾经至关重要的地方还存在的话，也只剩下废墟了。传说和故事可以解释某些人记忆中的事物，但不是所有人。唯一能够让这个目录如此准确的方法是，它是在青铜器时代晚期城市繁荣时期编写的，由一代又一代的吟游诗人传承，直到最后作为一部分内容被写入《伊利亚特》第二卷。然而，它并不是一份对青铜器时代完美无瑕的传承，因为如果一切都严格属于青铜器时代的话，有些本不应该存在的城市出现了，而有些本应该存在的城市却没有出现。相反，它似乎是一种混合，随着故事由吟游诗人口头流传，几个世纪以来不断发生着变化。

总体而言，《伊利亚特》似乎是一部从青铜器时代到铁器时代整个时间跨度内的细节和数据的汇编。如果为了使其新鲜如初且与时俱进，从而在流传了几个世纪的过程中不断地对这部史诗进行修改和更新的话，那么这是意料之中的事。例如，据说帕特洛克罗斯和赫克托在战斗中阵亡后都是在火葬柴堆上火化的（分别参见《伊利亚特》XVIII：138—257和XXIV：784—804），史诗中这样记载："他们满脸泪水地抬着勇敢无畏的赫克托，把赫克托的遗体放置在高耸的柴堆上，然后点燃了柴堆。"虽然相较于土葬，火葬在铁器时代的希腊比青铜器时代的希腊更为普遍，但人们在特洛伊/希沙利克遗址上发掘出了公元前14世纪后期的一处火葬墓地，在这块墓地里，骨灰安葬在骨灰瓮中。

此外，荷马详细描述的野猪獠牙装饰的头盔在青铜器时代末期已经不再使用。人们在希腊大陆的梯林斯、克里特岛的克诺索斯和提洛岛等地发现了这种头盔上的野猪獠牙，以及有关头戴这种头盔的战士的叙述，但是这类头盔在荷马所处时代也不可能再为世人所见，尽管《伊利亚特》（X：260—265）中对此有过如下很详细的描述：

墨里奥涅斯给了奥德修斯一张弓、一个箭筒和一把剑。奥德修斯还把一顶皮革制成的头盔戴在头上，头盔内侧用皮革呈丁字形牢牢交叉拴系，外侧则用一头野猪白光光的獠牙逐个紧密缝制，头盔中心位置还垫了一个毛毡，工艺可谓精湛。

同样，荷马对埃阿斯和他所使用的“塔盾”进行了描述，后人认为这个“塔盾”不仅属于青铜器时代，而且属于青铜器时代中早于特洛伊战争的一段时期：

> 现在埃阿斯走到他身边，像一堵墙一样扛着他的用青铜和七层牛皮制成的盾牌，这是提基奥斯费了很大力气才打造成的。提基奥斯在海尔德的所有皮革工人中最为优秀。他先将取自强壮公牛的牛皮缝制七层，然后在七层牛皮之上又用锤子钉了第八层青铜护罩，从而制成了这面闪闪发光的巨大盾牌。(《伊利亚特》VII：219—223)

这类盾牌和野猪獠牙装饰的头盔，可以在希腊圣托里尼岛阿克罗蒂里的一所房子里画的所谓微型壁画中看到，这很可能可以追溯到公元前17世纪，比传说中的特洛伊战争早四百年。一些学者认为埃阿斯是更早期的一位英雄，原本是另一部史诗（现在已佚）中的主要角色，后来作为一个家喻户晓的人物被引入了《伊利亚特》。

在其中一个场景中，特洛伊英雄赫克托也挥舞着一面塔盾，他的盔甲不时碰撞他的脚踝和脖子（《伊利亚特》VI：117—118）。根据描述，赫克托披挂着“全副青铜盔甲”（《伊利亚特》XI：65）。

与本书其他地方的类似描述一样，这一点现在被认为可以通过迈锡尼附近登德拉遗址的一次考古发现得到证实。考古人员在上述遗址中发现了一整套盔甲（全副甲胄），这让人想起荷马对盔甲的描述，但这套甲胄可以追溯到公元前1450年前后。这将使荷马的记述成为人们了解青铜器时代的另一个例子。

更为常见的盔甲，包括“小腿防护良好的亚该亚人”用于保护小腿的护胫甲，在《伊利亚特》中有过多次描述（例如，《伊利亚特》III：328—339，IV：132—138，XI：15—45，XVI：130—142，XIX：364—391）。这些盔甲反映的也是青铜器时代的物品，而不是荷马自己时代的物品。这些装备总是按照相同的顺序穿戴，依次是护胫甲、胸衣、剑、盾牌、头盔，然后是长矛：

> 帕特洛克罗斯披挂着青铜制成的光彩夺目的盔甲，全副武装。他先将精致的护胫甲靠在腿上，用银质系带将护胫甲固定在脚踝上。之后，他穿上闪闪发光的胸衣，就像脚步敏捷的阿喀琉斯一样。他的肩上挎着一把带有银钉的青铜剑，上面挂着那面巨大而沉重的盾牌。他将那顶带有马毛羽冠的时髦头盔套在他硕大的头上，羽毛不停地上下摆动，非常瘆人。他拿起两支刚好可以握在手中的锋利长矛。（《伊利亚特》XVI：130—140）

根据《伊利亚特》中的描述，帕特洛克罗斯曾三次攀登特洛伊城墙，但每次都被阿波罗击退。荷马确切的描述是这样的：“帕特洛克罗斯三次试图爬上高耸城墙的墙角，但太阳神阿波罗用其不朽之手猛击帕特洛克罗斯的闪亮盾牌，三次将他击退。”（《伊利亚特》XVI：702—703）。这暗示城墙是可以攀爬的，的确，在海因里希·施里曼、威廉·德普费尔德和卡尔·布雷根等考古学家发掘希沙利克/特洛伊遗址时，他们发现特洛伊VI城堡的墙壁呈特定角度，并且砖石之间有足够大的间距，至少有一个地方可以轻松攀爬。在荷马写作的时候，这些城墙很可能已经深埋在地表之下，数百年来都不曾为人们所见。因此，荷马的描述很可能源自对青铜器时代某座城堡城墙的准确回忆，但这座城堡在荷马生活时代很久以前就已经被埋于地下了。然而，荷马似乎是在描述特洛伊城的外墙，而不是内城的城墙，因此他的描述在一定程度上有些混乱。

或许最能反映真实情况的是荷马笔下的勇士几乎总是使用青铜制武器，然而实际情况是在他自己那个时代，这些武器都是铁制的。《伊利亚特》中几乎没有提到铁制的器物，这符合这样一个事实，即在青铜器时代铁器为人所知但稀有珍贵。事实上，青铜器时代已知的为数不多的一件铁制武器是霍华德·卡特在埃及国王图坦卡蒙墓中发现的一把匕首，其历史可以追溯到公元前14世纪，这可能与阿喀琉斯哀悼帕特洛克罗斯时所持的铁刀类似（《伊利亚特》XVIII：32—34）。

荷马提供的其他细节将青铜器时代的器物和做法与铁器时代的器物和做法混淆了。这些内容讲的主要是一些琐事，比如荷马笔下战士们所用战车的车轮上使用的辐条数量，以及牵引这些战车的战马数量。例如，考古学家在迈锡尼“竖井墓穴”的墓碑上以及迈锡尼和其他地方墓葬中的金戒指上发现了青铜器时代的描述，这些描述表明特洛伊战争时期的战车车轮上有四根辐条，由两匹战马牵引，用作战斗的移动平台。然而，根据荷马的描述，当时的战车车轮上有八根辐条（《伊利亚特》V：720—723），通常由四匹战马牵引，并被用作“战斗运兵车”将战士运往前线，之后他们下马徒步作战——所有这些都是铁器时代战车和战斗战术的已知特征，可以追溯到特洛伊战争发生很久之后的年代。

同样，荷马笔下的战士通常携带两支长矛，用于投掷（《伊利亚特》III：16—20，VII：244—248）。这是铁器时代一种常见的战术，而在青铜器时代战士们更多地使用单支长矛，用于近距离刺向对手而不是远距离投掷。荷马很少描述这种长矛。然而，他确实提到了赫克托（《伊利亚特》VI：318—320）挥舞的十一腕尺长的长矛和属于阿喀琉斯（《伊利亚特》XXII：273）的一支长矛。荷马还经常描述主要敌对英雄之间的一对一战斗或决斗，旨在强调单个勇士的荣耀事迹，例如，埃阿斯和赫克托（《伊利亚特》VII：224—232）之间的决斗，阿喀琉斯和赫克托之间的决斗（《伊利亚特》XX）。荷马还描述了以紧密队形行进的步兵（《伊利亚特》III：1—9）。这些个人决斗和行军方式似乎都是铁器时代的战斗方法，而不是青铜器时代的方法。

此外，荷马经常谈到铁器时代后期以及具有迈锡尼时期特征的武器和其他器物。在他的描述中，迈锡尼人使用的武器有“镶银剑”（《伊利亚特》XI：29—31），即剑柄上铆有银钉或金钉的剑，就像在公元前16世纪至公元前15世纪的迈锡尼的“竖井墓穴”中发现的一样，以及一种镶嵌着金钉的权杖（《伊利亚特》I：245—246）。他还描述了阿喀琉斯的新盾牌（《伊利亚特》XVIII：474—607），其制作方式类似于在迈锡尼和其他地方的“竖井墓穴”中发现的镶嵌饰品的匕首（使用金、银和一种被称为黑金的黑色黏质材料，嵌入青铜质基面）。所有这些都是名副其实的青铜器时代手工艺品。但荷马也描述了阿喀琉斯原有的盾牌（在帕特洛克罗斯阵亡时丢失），根据他的描述，盾牌上面有一张蛇发女怪的脸：“阿喀琉斯拿起那面由很多人合力精心制作的盾牌，这是一件光彩夺目的宝物……盾牌正中是蛇发女怪毫无表情的脸，她的眼睛凝视前方，这眼神令人毛骨悚然。盾牌上还刻着‘恐惧’和‘恐怖’。”（《伊利亚特》XI：32—37）。带有这种纹章的盾牌直到铁器时代才开始普遍使用，并且在公元前7世纪的希腊重装步兵方阵战争中，其用途达到顶峰。

总而言之，荷马根据记忆对特洛伊战争的描述，以及关于那些战士、装备和战斗的微小细节，就像我们看到的《伊利亚特》版本中描绘的那样，是青铜器时代和铁器时代实践的一种结合。这种结合可能反映出原始故事在流传五个世纪之后所引入的变化。因此，包括考古学家和古代历史学家在内的学者们在试图重建爱琴海地区的青铜器时代时，对于使用荷马提供的细节资料都非常谨慎。事实上，之所以早期古典学者会对特洛伊战争是否真正发生过持怀疑态度，部分原因正是这种将不同时期混为一谈的时间组合。

然而，人们显然可以提出相反的论点。荷马的论述包含许多只有在青铜器时代才使用的器物和地点的细节，而这些内容直到现代考古学家在20世纪初开始发掘后才被重新发现。因此，如果荷马史诗确实反映了青铜器时代末期发生的真实事件，即使他的描述中包含一些不准确的内容或细节，人们也不应对此感到惊奇，原因在于这些内容或细节是几个世纪以来由吟游诗人们口头流传下来的。

新分析

然而，还有一点需要考虑，那就是一些学者的评估，他们认为《伊利亚特》、《奥德赛》和《史诗集成》不仅涉及铁器时代后期的器物，而且涉及可以追溯到青铜器时代较早期（即公元前13世纪之前，当时特洛伊战争据信已经发生）的人、地点和事件。这些学者共同组成了一个名为德国新分析学派的非正式团体，他们认为可以找到（吟游诗人）后期添加到荷马史诗中的较早期史诗的点滴内容。

例如，根据《塞普里亚》的记载，第一次被派往特洛伊拯救海伦的亚该亚人远征队遭遇厄运，据称结果是在真正的特洛伊战争马上就要开始前，阿喀琉斯和其他亚该亚勇士在铁乌特拉尼亚发生激烈战斗。铁乌特拉尼亚是位于特洛伊以南、安纳托利亚西北部的一个地区。古代学者和现代学者估计，每两次远征之间的间隔时间通常从几周到九年不等。新分析学者把对这次远征的描述视为前荷马时期一个很好的例子，这最可能指的是较早期的

"特洛伊战争"。他们还认为，手持塔盾的埃阿斯属于前一个时代，是更早期史诗中的一个人物形象。同样的情况还出现在伊多墨纽斯、墨里奥涅斯甚至奥德修斯等人物身上。

新分析学者和其他学者还指出，《伊利亚特》本身就提到，希腊英雄赫拉克勒斯在普里阿摩斯的父亲拉俄墨冬时代仅用六艘船就攻陷了特洛伊（《伊利亚特》V：638—642），其中写道："人们说，是强大的赫拉克勒斯，在战斗中坚定不移，雄心勃勃。由于拉俄墨冬的母马，他只带了六艘船和一支人数不多的军队来到特洛伊，但洗劫了伊利昂（即特洛伊），并破坏了城中街道。"（位于阿提卡海岸边，距离雅典不远的埃伊纳岛阿帕亚神庙东边的三角楣上描绘了这次对特洛伊的远征。）如果每艘船的载量为五十人，那就只有三百人，这是一支相当小的战斗力量。然而，后来的希腊作家阿波罗多罗斯和狄奥多罗斯提到的另一种传说认为，在赫拉克勒斯袭击特洛伊时，他指挥的是十八艘船，而不是六艘船，这意味着当时他手下有九百人，这是一支相当强大的军队。

显然，希腊有一种传说，甚至在《伊利亚特》和《史诗集成》中也有提到，即在真正的特洛伊战争之前，迈锡尼勇士已经在安纳托利亚西海岸进行了几十年也许上百年的战斗和探险，而特洛伊本身可能在阿伽门农接替普里阿摩斯之前将近一个世纪就遭到了迈锡尼人的攻击。古代历史学家摩西·芬利在他的著作《奥德修斯的世界》（1956）中提出，青铜器时代发生过许多次"特洛伊战争"。

结 语

这给我们留下了一些重要的常识性问题。《伊利亚特》和《史诗集成》中讲述的事件和情节可信吗？荷马和其他史诗诗人所描述的事件真实发生过吗？如果发生过，是以他们所说的方式发生的吗？整个国家（或其在古代对等的叫法）真的会为了一个人而开战吗？阿伽门农真的是那个召集众人索回其兄弟之妻的“万王之王”吗？青铜器时代晚期的迈锡尼社会真的可以以这种形式组织起来吗？此外，人们真的能制造出特洛伊木马这样的机器，并成功用此结束战争吗？

以上所有问题的答案都是肯定的。例如，即便那些军队、武器和战术来自很长的时间跨度，反映了几个世纪以来口头流传的故事，但荷马对于个体活动、旅行、战斗和其他细节的描述都是真实的，《伊利亚特》中描述的事件也是可信的。此外，青铜器时代的希腊确实分裂成了许多本质上是城邦的国家，每个国王统治着一个大城市，比如梯林斯、皮洛斯、迈锡尼及其周边地区。当然，迈锡尼似乎比当时的其他城市更强大，与其他城市的联系也更紧密，特别是考古学家们发现了当时迈锡尼进口的外国商品，这些都可以表明其国际地位。

尽管海伦遭绑架可能提供了一个方便的借口，但发动战争的真正原因不太可能是这一点。同古代世界的大多数战争一样，这场战争真正的动机可能是政治和商业利益，为了获得土地并控制利润丰厚的贸易路线。然而，后来也出现了一些历史事例，其中个体的活动被用作发起战争的借口和催化剂。最经典的例子当然是引发第一次世界大战的斐迪南大公遇刺事件。无论如何，这场战争可能注定要发生，但暗杀事件成了导火索。第二个例子来自赫梯人的世界，公元前14世纪，国王苏彼鲁流玛一世的儿子詹南扎王子在与一位不知姓名的埃及王后结婚的途中被不明身份的袭击者杀害。他的父亲以其遇害为借口，发起了一场赫梯人和埃及人之间的战争——这场战争可能无论如何最终都会打响，但同样是出于领土原因，与他儿子的死无关。

特洛伊木马是传说中最不可信的内容之一，但它的存在依然可以得到解释。坦率地讲，希腊人不太可能建造这样一匹马并将士兵藏匿其中。特洛伊人更不可能会愚蠢到将它带进他们的城市。然而，荷马和其他吟游诗人都是诗人，因此，他们可能使用了诗的破格。特洛伊木马可能代表了某种攻城器械，比如说巨大的攻城槌，就像罗马人在公元74年用来摧毁马萨达（位于今以色列国内）周围城墙时用的一样；或者是一座塔楼，里面的勇士们可以出来参与战斗，就像辛那赫里布在他位于尼尼微的宫殿门板上描绘的公元前701年对耶路撒冷南部拉吉的围攻一样。由于波塞冬是希腊地震之神，其象征物是一匹马，因此也有人认为，特洛伊木马是对那场摧毁城市的地震的隐喻。

最后一个问题有关荷马描述的究竟是一场特洛伊战争还是数场特洛伊战争。根据希腊史诗的记载，在青铜器时代晚期，迈锡尼人对特洛伊和特洛阿德地区至少发起过三次攻击：第一次发生在赫拉克勒斯和拉俄墨冬时代，当时特洛伊被攻陷；第二次是阿伽门农和他的手下对铁乌特拉尼亚的错误进攻；第三次是《伊利亚特》中描述的特洛伊之战。这些战争中哪一个是荷马笔下的特洛伊战争？抑或它们全部都是？荷马是否将这些战争浓缩成了一部伟大的史诗，用诗意的语言象征性地表现了几百年来在安纳托利亚西部海岸发生的无数次小冲突？事实上，包括考古发现和文字记载在内的其他迹象表明，早在公元前17世纪之前，希腊勇士就已经在安纳托利亚的西北部海岸（具体来说也许就是特洛伊）战斗过了。

第四章

赫梯文献：阿苏瓦、阿希亚瓦和维鲁萨的阿拉克山杜

希腊人记录了特洛伊战争，但位于安纳托利亚中部的赫梯人同样也记录了这场战争。在青铜器时代晚期，从公元前1700年至公元前1200年，赫梯人控制了该地区的大部分土地，赫梯王国的国土从特洛伊所在的西海岸一直延伸到这个王国的东部——如今土耳其与叙利亚交界处。德国考古学家在赫梯王国都城哈图沙（位于今安卡拉以东200千米处）发现了刻有赫梯语、阿卡德语和同时期其他语言文字的泥板。

维鲁萨

在这些泥板当中，有一些提到了一个城市或地区，赫梯人称之为维鲁萨。维鲁萨与赫梯统治者之间的密切联系至少保持了三百年的时间，其中一些时期，维鲁萨国王在赫梯人的授意下施行统治，有时只能作为傀儡国王。根据大多数现代学者的说法，维鲁萨城似乎与荷马和史诗诗人们所称的伊利昂（即特洛伊）是同一个地方。赫梯档案中记录了青铜器时代晚期在这座城市进行的至少四场战争的详细信息。我们甚至知道相关国王的名字，

其中一位名叫阿拉克山杜，他曾被卷入公元前13世纪初的一场冲突；另一位名叫瓦尔姆，几十年后他被敌军赶下了台。这两个事件都与荷马笔下的特洛伊战争发生在同一时期，并且其中一个或者两个可能都与特洛伊战争有关。

从1911年开始一直持续到今天，许多学者认为阿拉克山杜很可能是希腊名字亚历山大的赫梯语版本。如果这个假设正确，人们可以暂时将赫梯人称为维鲁萨的阿拉克山杜的那个人，与希腊人称为伊利昂/特洛伊的亚历山大/帕里斯的那个人等同起来。如果这两者不是同一个人，那就意味着有两个名字非常相似的统治者几乎同时在安纳托利亚西北部统治着两个名字非常相似的城市。这种巧合似乎不太可能，因此人们可以合理地认为，这两者即为同一人。

有趣的是，我们还有一份条约文献。在维鲁萨/特洛伊打了一仗之后，维鲁萨国王阿拉克山杜和赫梯国王穆瓦塔利二世于公元前13世纪初签订了这份条约。我们不知道这份文件中提到的是在特洛伊进行的许多战争中的哪一场，因此我们不能肯定地说这份文件是支持还是反对这样一种观点，即同一人在两种文化的文学中发挥了作用。因此，我们必须回到公元前13世纪那场战争之前的时代，然后在时间上往前推，从而确定赫梯条约中描述的那场战争是否就是荷马和希腊诗人描述的特洛伊战争。虽然刚开始我们不熟悉这些名字，但现在我们要扎根于赫梯历史当中，研究大量可供参考的细节。

阿希亚瓦

我们必须首先考虑在哈图沙发现的大约两打文献，其中提到了一个叫作阿希亚瓦的强国和民族。自从一位名叫埃米尔·弗雷尔的瑞士学者提出阿希亚瓦指的就是青铜器时代的迈锡尼人（即荷马称为亚该亚人的民族）之后，关于阿希亚瓦的身份认定及其可能与特洛伊战争相关的学术争论已经持续了一个多世纪。弗雷尔进行了更加深入的研究，确定了赫梯文献中所提到的具体人物的身份，并将他们与荷马笔下的勇士们联系起来。例如，在他看来，荷马提到的阿特柔斯和厄忒俄克勒斯就是赫梯文献中的阿塔里希亚和塔瓦伽拉瓦。

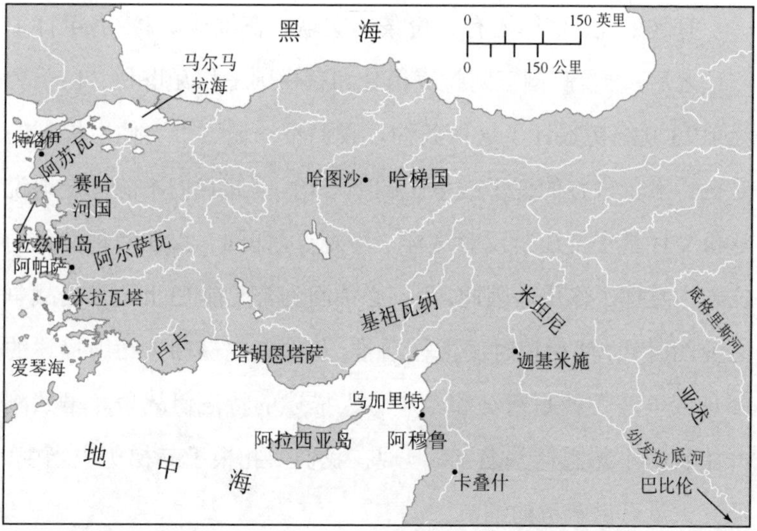

图3　约公元前1500年至公元前1200年，安纳托利亚地区的赫梯王国

其他人很快也加入了讨论，包括德国学者费迪南德·萨默，他在1932年出版了一部包含当时已知的所有阿希亚瓦文献的鸿篇巨制，其主要目的是反驳弗雷尔的提议。从那以后，争论不休。现在大多数知识渊博的权威都承认，弗雷尔将阿希亚瓦人认定为亚该亚人（迈锡尼人）是正确的，这些人很可能来自希腊大陆。如果是这样，我们可以说我们有文献证据表明，迈锡尼人早在公元前15世纪就卷入了安纳托利亚西海岸的战斗和冲突当中。

然而，如果弗雷尔的观点有误，也即阿希亚瓦人不是迈锡尼人，那么我们就没有任何赫梯语文献证据能够证明，生活在爱琴海两岸的两个最强大的群体之间曾建立过联系，或他们自己和迈锡尼人之间曾有过接触。然而，这似乎不太可能，因为如果是这样的话，我们将拥有一个赫梯文献中没有提到过的青铜器时代晚期的重要文化（迈锡尼文化），同时拥有一个得到重要文献证明，却没有留下任何考古遗迹的青铜器时代晚期的城邦或王国（阿希亚瓦）。正如大多数学者现在认可的那样，简单地将两者等同起来更能说得通。

马杜瓦塔和阿塔里希亚

在哈图沙出土的所谓阿希亚瓦文献中，最早的一份可以追溯到赫梯国王阿尔努旺达一世所处的时代，但这份文献却叙述了他的前任图达里亚一世/二世（尚不确定早期是否有一个或两个名叫图达里亚的国王，因此称为一世/二世）统治期间（约公元前1450年至公元前1420年）发生的事件。有一份文献由于涉及一位名为马杜瓦塔的赫梯诸侯的活动，因此被称为《马杜瓦塔的控诉》。这份文献中记录了赫梯人和一个名叫阿塔里希亚的人直接交战的细节，阿塔里希亚被称为“阿希亚的统治者”（阿希亚是阿希亚瓦一词的早期形式）。

这份文献直截了当地讲到，阿塔里希亚来到安纳托利亚西海岸与赫梯军队开战。文献中明确告诉我们，一位名叫基斯纳比利的赫梯军官率领数千名步兵和一百辆战车对抗阿希亚瓦统治者的军队。尽管文献中没有提到步兵或战车遭受的损失，但我们后续进一步了解到双方各有一名军官战死。这场战争应该比荷马所描述的特洛伊战争早了将近两百年。如果人们相信这些数字，那么对阵双方都实力雄厚，并且进行了一场真正的战争。由于在那个时代一百辆战车是一支庞大的战斗力量，因此这不是一场小规模冲突。

阿苏瓦叛乱

此外，在哈图沙考古学家发现的文献中，可能有六篇提到了在一处被称为阿苏瓦的地区（该地区唯一可能的位置在安纳托利亚西北部）发生的叛乱。这是一个由22个城邦组成的联盟，其名称最终演变为我们现代的地理名称“亚洲”。该联盟在赫梯记录中出现过，主要出现在同一个赫梯国王图达里亚一世/二世统治时期，即公元前15世纪下半叶。

当时，阿苏瓦和它的国王发动叛乱，反对赫梯人较早前建立起的对该地区的霸权。在阿苏瓦联盟的22个已知成员中，维鲁西亚是维鲁萨的别名(即特洛伊/伊利昂)。还有一个叫作塔鲁伊萨的地方,它还在另一个赫梯文献中出现过一次,但在此处紧接着维鲁西亚。曾经也有人提出塔鲁伊萨就是特洛伊,或者更有可能是特洛阿德地区。如果真是这样的话,那么在同样的特洛阿德地区就出现了这几个明显可相互替代的名称——维鲁萨/维鲁西亚和塔鲁伊萨,这与希腊人对同一地区也有可替代名称(比如伊利昂和特洛伊)的情况如出一辙。

根据赫梯人的记录,特别是人们所熟知的《图达里亚编年史》的记录,当图达里亚一世/二世正从对阿尔萨瓦、哈帕拉和赛哈河国等位于西海岸或紧邻内陆地区的西安纳托利亚国家的战斗中返回时,阿苏瓦联盟开始发动叛乱。图达里亚亲自率领军队对抗阿苏瓦联盟并且击败了他们。上述年代史中这样记载:一万名阿苏瓦士兵、六百匹战马和它们拉着的阿苏瓦战车,以及大部分民众还有他们的牲畜和财产,都作为俘虏和战利品被带回了都城哈图沙。其中包括阿苏瓦国王皮雅玛-库伦塔、他的儿子库库里以及其他一些皇室成员。

这些事件实际发生的顺序尚不完全清楚,但图达里亚随后显然任命库库里接替其父亲做了阿苏瓦国王,并允许联盟在作为赫梯王国附属国的前提下重新建立。库库里本人随后又发动了叛乱,但第二次反抗也以失败告终。最终,库库里被处死,阿苏瓦联盟也被摧毁。因此,由于图达里亚一世/二世的干预,这一联盟显然很快就消亡了,它似乎主要存在于公元前15世纪。

还有两点与此密切相关。首先,当一名推土机操作员于1991

年在一条通往都城哈图沙古遗址的道路上进行道路维护时，意外发现了一把青铜剑。这把剑上刻有一行文字，是用当时的通用语言阿卡德语写的，翻译过来就是："当图达里亚大帝击溃了阿苏瓦国时，他把这些剑献给了他的主人风暴之神。"

显然，由于这样的铭文只有在战争胜利后才会被刻在剑刃上，因此这把剑是图达里亚在他战胜阿苏瓦后缴获并献给风暴之神的。另外，由于我们从记录中得知图达里亚敬献了"这些剑"，因此也很明显，最初敬献的剑不止一把。然而最重要的是，这不是当时安纳托利亚民众平常使用的剑，它似乎是一种仅在公元前15世纪后期才由希腊大陆的迈锡尼人专门制作并使用的剑。在阿苏瓦联盟叛乱期间，这把剑被人使用并缴获的事实表明，要么迈锡尼人自己也参与了这场反对赫梯人的冲突，要么他们曾向阿苏瓦联盟提供武器并以其他方式对阿苏瓦联盟提供了支持。这提供了不同于文献证据的独特物证实例，表明迈锡尼人参与了在特洛伊周围地区发生的一场冲突，这比荷马笔下的特洛伊战争早了整整两个世纪。

维鲁萨和阿希亚瓦

此外，联盟中至少有一个城邦，具体来讲就是维鲁萨/维鲁西亚，在那场叛乱之后又继续存在了两个世纪。由于在28篇提及阿希亚瓦或者阿希亚瓦人的已知赫梯文献中，有几篇专门描述了他们与维鲁萨之间的相关活动，因此在那段时间里，维鲁萨不仅与赫梯人互动交流，而且明显与名为阿希亚瓦的政治实体以及该实体中的特定个体联系密切。如果像绝大多数学者认同的那样，把阿希亚瓦人确定为迈锡尼人是正确的，那么我们就有文献证据证明，从公元前15世纪到公元前13世纪，迈锡尼人代表维鲁萨（特洛伊）城邦参与了上述战事。

例如，在阿苏瓦叛乱中迈锡尼与维鲁萨之间的牵连可能还体现在更晚的阿希亚瓦文献中，该文献是阿希亚瓦国王在公元前13世纪初寄给赫梯国王（可能是穆瓦塔利二世）的一封信的赫梯语译本。我们知道，穆瓦塔利的统治期大约在公元前1295年至公元前1272年。这封信的部分内容与更早些的事件有关，直到不久前人们都认为是由穆瓦塔利寄给阿希亚瓦国王的，但现在已经证明这封信的邮寄路线其实正相反，这其实是阿希亚瓦国王寄给赫梯国王的极少数信件之一。

信中讨论的主要话题是安纳托利亚爱琴海沿岸的一组岛屿的所有权，这些岛屿以前属于阿希亚瓦国王，但显然已被赫梯人占领。我们从这封信中可以得知，一位名叫图达里亚的赫梯国王曾在过去的某个时间打败了阿苏瓦国王并征服了他。这与较早的《图达里亚编年史》中的记载相符，毫无疑问讲述的就是阿苏瓦叛乱，所以我们知道这封信里讲的是通信前大约一百五十年所发生的事件。

这封信已经破损，内容也不完整，但现在根据新的译本来看，在阿苏瓦联盟发动叛乱之前，时任阿希亚瓦国王的曾祖父和一位阿苏瓦公主之间已经有了外交联姻，而且阿苏瓦国王还把这些岛屿作为嫁妆的一部分转让给了阿希亚瓦国王。赫梯人声称，在叛乱期间图达里亚战胜了阿苏瓦，从而使他们获得了阿苏瓦沿岸领土的所有权，但根据这封书信的作者——时任阿希亚瓦国王的说法，他们是在这些领土已经交给阿希亚瓦之后才赢得的胜利。一个半世纪后，阿希亚瓦国王寻求通过外交手段重申他对这些岛屿的权利。

这封书信的新译本表明，在公元前15世纪中叶，阿希亚瓦人和阿苏瓦人之间保持着良好的关系，而且最有趣的是，他们之间显然存在王朝联姻。如果我们的鉴定是正确的话，即阿希亚瓦人就是迈锡尼人，特洛伊人（维鲁萨人）是阿苏瓦联盟的一部分，那么这份文献就很好地说明了这两个地区之间的关系，无论是联姻还是其他关系，都比亚历山大/帕里斯和海伦之间发生不正当恋情的推测时间早了几个世纪。然而，这封信并没有明确表明迈锡尼人确实被卷入了阿苏瓦叛乱，正如之前的译本所暗示的那样，但在哈图沙发现的刻有铭文的青铜剑确实暗示了（迈锡尼人的）某种参与，以及迈锡尼和特洛伊盟军遭遇到的失败。

在安纳托利亚西海岸发现的其他阿希亚瓦文献以及陶器和手工艺品表明，在整个公元前14世纪，迈锡尼人一直与该地区保持着联系。此外，与维鲁萨明确相关的一系列文献可以追溯到公元前13世纪初期和中叶，与荷马笔下的特洛伊战争差不多属于同一时期。

《阿拉克山杜条约》和其他赫梯文献

在这些文献中，第一个文献是赛哈河国国王玛纳帕-塔胡恩塔写给赫梯国王（可能是穆瓦塔利二世）的。赛哈河国位于安纳托利亚西部，紧邻特洛阿德地区南部。这封信主要讲的是一群技术娴熟的赫梯工匠叛逃的事，但其中特别提到了赫梯人对维鲁萨的一次进攻行动："[如是说]玛纳帕-塔胡恩塔，您的仆人：对[陛下，我的主人]说：[此刻][国土上]一切都很好。[卡苏]来到（这里），带来了赫梯军队。[当]他们返回来进攻维鲁萨时，[我]病倒了。"

我们不知道穆瓦塔利和赫梯人为什么会在公元前13世纪初这个时候进攻维鲁萨。但是，随后由穆瓦塔利起草并与维鲁萨的阿拉克山杜签署的这份条约大体上可追溯到公元前1280年。这份条约清楚地表明，赫梯人声称对这座城市拥有控制权，之后不久便声称对该地区拥有控制权，就和他们在扫平阿苏瓦叛乱之后所做的一样。

所谓的《阿拉克山杜条约》概述了维鲁萨人和赫梯人之间的防守联盟。穆瓦塔利在其中写道："您，阿拉克山杜，仁慈地保护着我。此后您也将保护我的儿子和我的孙子，到第一代和第二代。而我，陛下，因为您父亲的话，也将诚心诚意地保护您，阿拉克山杜，帮助您，为您消灭您的敌人，以后我的子子孙孙也一定会替您保护您的后代，到第一代和第二代。如果有敌人反对您，我不会抛弃您，就像我现在没有抛弃您一样。我会为您消灭您的敌人。"

这是条约中最令人感兴趣的部分，因为穆瓦塔利本人告诉我们，他在位（公元前1295年至公元前1272年）早期的某个时候，曾帮助阿拉克山杜消灭了他的敌人。由于穆瓦塔利没有理由说错或者记错双方都知道的这一通用信息，因此我们可以得出结论，这条信息可能是准确的。然而，问题在于阿拉克山杜的敌人是什么身份。遗憾的是，我们不知道其姓名或国籍，同时也不知道有关此事件详情的任何细节。相反，穆瓦塔利则继续重申了他们已经制定的共同防御条约。

简而言之，我们从赫梯文献中找到了证据，能够证明就在公元前1280年之前紧邻的某个时间点，维鲁萨国王阿拉克山杜至少参与了两场冲突。在其中一场冲突中，阿拉克山杜对阵一个不知姓名的敌人，且最后取得了胜利，但这只是因为穆瓦塔利和赫梯军队帮助了他。尽管这场战争与荷马所描述的特洛伊战争大体上处于同一时代，但我们不能肯定迈锡尼人就是这场冲突中的敌方。在另一场冲突中，阿拉克山杜对阵赫梯人，他被击败并被迫签署条约。这两个事件都与《伊利亚特》或《史诗集成》中告诉我们的故事不一致。因此，无论把维鲁萨的阿拉克山杜与伊利昂/特洛伊的亚历山大/帕里斯等同为一人的猜想多么有吸引力，除非我们认定荷马描述的细节有误，否则我们都没有确凿的证据能够将这些冲突和这份条约与荷马所说的特洛伊战争联系起来。

塔瓦伽拉瓦的书信

在与维鲁萨有一定关系的另外两篇阿希亚瓦文献中，所谓的塔瓦伽拉瓦书信引起了人们的极大兴趣。人们认为它是一位赫梯国王写的，可能是哈图西里三世，其统治期为公元前1267年至公元前1237年，但也可能是稍早前的统治者穆瓦塔利二世所为。我们只有这封信的第三个也可能是最后一个碑片，其内容讲述了皮亚马拉都斯的活动。皮亚马拉都斯是一个“赫梯叛徒”，与阿希亚瓦互动积极。这封信没有给出阿希亚瓦国王的名字，但确实给出了他的兄弟的名字——塔瓦伽拉瓦。塔瓦伽拉瓦显然亲自到过安纳托利亚西部，协助将当地叛军运送到阿希亚瓦领土。从弗雷尔开始，许多学者认为塔瓦伽拉瓦可能是希腊名字厄忒俄克勒斯（Eteokles，迈锡尼语拼作E-te-wo-ke-le-we）的赫梯语表述。

在这封信中，赫梯国王试图让阿希亚瓦讲出这番话（或者刻在碑片上），要求他与某人（可能是皮亚马拉都斯）交流特定的话题。赫梯国王非常明确地说道：“哦，我的兄弟，如果没有（其他事）的话，请给他写信讲这样一件事：‘关于维鲁萨国土一事，赫梯国王已经说服了我，之前赫梯国王和我就此事发生了冲突，但现在我们已经讲和。现在（？）我们之间不适宜发生敌对行动。’[把这封信]发给他。”隔了几行之后，他又说道：“考虑到引起我们之间发生冲突的维鲁萨问题，[因为我们已经讲和，]下一步怎么办？”

这是迄今为止破译的所有赫梯文献中仅有的一个实例，也是自图达里亚一世/二世所处时代以来的第一个实例，具体讲到了赫梯和阿希亚瓦之间的冲突。即使在《阿拉克山杜条约》中，阿拉克山杜的敌人也没有具体名姓，他们可能不是阿希亚瓦人。此外，我们不知道塔瓦伽拉瓦书信中所描述的那场冲突的规模。昆士兰大学的特雷沃·布莱斯指出，这篇文献中使用的那个赫梯语词汇可以翻译为“全面战争、一两次小规模冲突，或者仅仅是通过外交渠道进行的一场口水仗”。尽管如此，这可能证明在《伊利亚特》中描述的那些事件发生的前后，赫梯人和阿希亚瓦人（即迈锡尼人）之间发生了另一次冲突。

维鲁萨国王瓦尔姆

最后，与该主题相关的最后一篇参考文献是一封书信，可能是公元前13世纪后期由最后一位赫梯国王图达里亚四世（统治期为约公元前1237年至公元前1209年）所写。这封信被称为“米拉瓦塔的书信”，原因在于它主要讲述了米拉瓦塔城（米利都城）以及皮亚马拉都斯一直以来进行的活动（见表1）。

那位赫梯国王在这封信中指出，一位之前被不知名敌军驱逐出国土的名叫瓦尔姆的维鲁萨国王将被复职，但可能成为一名军事封臣。他如是写道：“现在，我的儿子，只要你照顾好陛下的福祉，我，将信任您的善意。把瓦尔姆交给我，我的儿子，这样我就可以让他重新成为维鲁萨土地上的国王。现在［他将］是维鲁萨土地上的国王，就像他以前一样。他现在将成为我们的军事封臣，就像他以前一样。”由于赫梯人发誓要帮助他的后代至第一代和第二代，显然（穆瓦塔利）与阿拉克山杜签订的那个条约仍然有效。在这场最后的冲突中，叛军的袭击导致维鲁萨国王失去了王位，而赫梯人却将王位归还给他，因此人们可能会推测，这场冲突也许促成了荷马后来理解特洛伊人已经输掉战争这件事。

表1　赫梯文献中记载的已知的特洛伊（维鲁萨）战争

事　件	维鲁萨统治者	赫梯国王	大致时间	结　局
阿苏瓦叛乱，两个阶段	皮雅玛-库伦塔和他的儿子库库里	图达里亚一世/二世	公元前1430年至公元前1420年	父亲被流放到哈图沙，儿子被处死
第一次遭敌人袭击，第二次遭赫梯人袭击	阿拉克山杜	穆瓦塔利二世	公元前1280年	第一次受到赫梯人的帮助，第二次被赫梯人打败
赫梯人和阿希亚瓦人在维鲁萨问题上发生冲突	未知	哈图西里三世	公元前1267年至公元前1237年	问题得到解决
遭到敌军袭击	瓦尔姆	图达里亚四世	公元前1237年至公元前1209年	被敌人废黜，但后来赫梯人将其复职

有这样一部《维鲁西阿德》吗?

讲到荷马和赫梯人，哈佛大学的卡尔弗特·沃特金斯于1984年在布林莫尔学院举行的关于特洛伊和特洛伊战争的会议上首次提出：某些其他赫梯文献中可能包含《维鲁西阿德》的剩余部分。他认为，这将是另一部关于特洛伊战争的史诗，但它不是以希腊人的视角写成的，而是以特洛伊人或者赫梯人的视角写成的。

《维鲁西阿德》是用卢维语写成的，这是当时安纳托利亚通用的一种语言或方言，但我们只剩下其中两行诗了。其中一行诗非常简单，它作为引语插入在赫梯典礼文献中，具体内容是："[他们歌唱：]当他们来自陡峭的维鲁萨。"这种语言风格让人想起荷马，他在《伊利亚特》中将特洛伊称为"陡峭的伊利昂"的情况不少于六次。第二行诗出现在另一部赫梯文献中，重新组织语言后可以读作："当这个人从陡峭的[维鲁萨……]走来。"

遗憾的是，目前我们除了有这两行诗外别无其他。但这种情况可能会改变，因为欧洲和美国的藏品中还有更多尚未破译的赫梯碑文正等着学者翻译。

推 测

前文所述的许多提议都是基于学术上的推测，例如将维鲁萨等同于伊利昂/特洛伊，将阿希亚瓦人等同于亚该亚人/迈锡尼人，将阿拉克山杜等同于亚历山大/帕里斯等。所有这些提议或多或少都有道理，因而其中一些提议已经被学者们争论了一个多世纪。没有一个提议全无可能，有些的可能性甚至还很高，很明显，如果一切最终被证明是错误的，我们将没有任何实质性的东西可以依仗，这当然也是一种可能。然而，目前大多数学者支持上述部分或者全部等同，尤其是阿希亚瓦人与亚该亚人之间的相关性，这使我们能够利用赫梯文献作为暗指可能存在几次特洛伊战争的文献证据。

那么在赫梯文献记载的这四场或者更多冲突中，哪一场是荷马所讲述的特洛伊战争？任何一场都是吗？从某种意义上讲，这些战争中至少有两场，也可能是全部，似乎与迈锡尼人（阿希亚瓦人）有关。然而，目前尚不确定这些冲突中的哪一场（如果有的话）是荷马和史诗诗人们所记录的特洛伊战争，或者希腊诗歌是否作为将无数事件浓缩成一系列关于这场“终结一切战争之战争”的史诗，反映了赫梯人和阿希亚瓦人（迈锡尼人）之间时断时续历时几百年的冲突。

由于仍未达成定论，我们必须求助于考古证据，这些证据表明青铜器时代曾发生过数次战争，导致被认定为古特洛伊城的希沙利克城被毁。有九座不同时期的城市遗址重叠在这个古老的土丘上，因此我们也必须思考，究竟是哪座城市（如果存在的话）由于荷马在其描述爱情与战争的宏大史诗《伊利亚特》中的记载而变得不朽。

第三部分

研究考古学证据

第五章

早期发掘者：海因里希·施里曼和威廉·德普费尔德

寻找特洛伊的故事与19世纪商人海因里希·施里曼的故事密不可分。尽管并不准确，但施里曼经常被人称为“迈锡尼考古学之父”。施里曼是一位来自德国白手起家的百万富翁，他是有史以来考古发掘中最幸运的人之一。他的一生中充满了成功的故事，因为作为一名自学成才的“业余”考古学家，他是第一个在现在大多数学者都认为可能是古代特洛伊城的遗址上进行全面发掘的人。他突破重重困难不顾一切地这样做，也违背了当时学术界的普遍看法，他们中的大多数人都坚信特洛伊战争从未发生过，因此不存在像古代特洛伊城这样的地方。施里曼还在希腊大陆的迈锡尼和梯林斯遗址成功进行了发掘，以寻找阿伽门农和他的军队。

但是，根据最近的研究，施里曼显然也是一个伪造发掘日志的无赖。无论是对特洛伊战争的专业视角还是私人生活细节方面，他都不一定可信。例如，在他的考古发掘中，他没有把功劳归于将他带到希沙利克古代特洛伊城遗址的弗兰克·卡尔弗特。此外，施里曼可能完全编造了他找到“普里阿摩斯宝藏”的说法，原因在于这些发掘物既不属于普里阿摩斯，本身也不是宝藏，而是一批生产年代早于特洛伊战争一千年的珍贵工艺品。

施里曼的寻找

施里曼在四十五岁左右以百万富翁的身份从商业企业退休后，开始寻找特洛伊。他声称从七岁开始就一直等待着开始他的寻找之旅，并决心证明特洛伊战争确实发生过。他在《伊利昂：特洛伊人的城池与国家》（1881）一书的序言中详细叙述了这样一件事：1829年，他的父亲送给他一本书作为圣诞节礼物，在这本书中，他看到一幅木刻画，上面画着埃涅阿斯从熊熊燃烧的特洛伊城出逃，背着年迈的父亲，手拉着年幼的儿子。

施里曼告诉他的父亲，（木刻画上的）故事一定发生过，特洛伊一定存在，否则艺术家不可能知道如何雕刻这幅画。（这就是一个七岁孩子的逻辑和推理。）然后他告诉父亲，长大后他将找到特洛伊。这是一个精彩的自传故事，而且在提到施里曼时人们仍然经常讲述这个故事。遗憾的是，这个故事可能从未发生过。在最终发现特洛伊并向全世界宣布特洛伊战争确实发生之前，这个故事从未在施里曼的任何著作中出现过，包括他的私人日记和为其他书籍所写的序言。现在学术界普遍认为，施里曼晚年时编造了这个故事，原因只有他自己知道。

施里曼是一名成功的商人，他在克里米亚靠卖靛蓝、茶、咖啡和糖赚了一大笔钱，在1851年至1852年的加利福尼亚淘金热期间又赚了一大笔钱。正是在加利福尼亚州，他在萨克拉门托充当银行家/中间人，从矿工那里购买金粉，然后通过罗斯柴尔德家族银行在旧金山的业务代表卖给罗斯柴尔德家族银行。他低买高卖，据传还对交易进行了一些违规操作，最后从中获得了可能高达200万美元的利润。在这期间他也因为运送的金粉数量过多而受到指控，但他很可能在受到法律制裁前提早一步离开了加利福尼亚。

施里曼一生都在记日记，1851年至1852年他在美国时也不例外。遗憾的是，施里曼在这一时期记下的一些日记表明，即使是他自己随意记录的内容也不可信。例如，施里曼写道，他在1851年6月目睹了旧金山的一场大火，这一点高度可疑，原因在于这场大火实际上发生在一个月前的5月份，而当时施里曼在萨克拉门托，并没有在旧金山。加州大学戴维斯分校教授戴维·特雷尔对此进行了一番探查后表明，施里曼只是将《萨克拉门托每日联盟报》头版的一条报道逐字复制到他的日记中，再通过把自己加入其中稍微改变了一下故事内容。

伊利诺伊大学的威廉·考尔德将类似的事件统称为“编造的经历”。其他“编造的经历”可能包括1851年2月的一篇日记，施里曼在其中写道，他当时在华盛顿特区一场奢侈的接待会上与米勒德·菲尔莫尔总统聊了一个半小时。正如考尔德和特雷尔所指出的那样，尽管这并非完全办不到，但即便施里曼英语流利，总统似乎也不太可能去会见一位名不见经传的二十八岁德国人。与那场记录旧金山火灾的日记一样，这篇日记也可能是从一篇报纸文章中摘选出来的，而施里曼把他自己加到了文章内容中。

施里曼1851年生活在萨克拉门托期间提交了一份意向声明，申请获得美国公民身份，但直到将近二十年后，即他在1869年3月下旬抵达纽约市的时候，这份申请才获批。然而，为了得到美国公民身份，施里曼不得不说服一位名叫约翰·博兰的人，让他发誓：施里曼此前在美国已经连续生活了五年，而且已经在纽约州生活了一年以上（即使这两者都不是真实的）。博兰不得不做伪证，但它奏效了。施里曼在抵达纽约仅两天后就获得了公民身份。

几天后，也就是1869年4月上旬，施里曼搬到了印第安纳州，那里当时拥有美国所有州中最宽松的离婚法。在那里，他申请与他的第一任妻子凯塔琳娜离婚，凯塔琳娜后来回到了德国。施里曼与凯塔琳娜生了三个孩子，其中有两个在童年时期幸存了下来。到6月底，他在印第安纳州已经生活了三个月，虽然按照要求需在该州住满一年才能被批准离婚，但他还是收到了离婚令。最有可能的情况是，就像他在纽约州的所作所为一样，为了达到目的，他又找了一个人为他做证。

与此同时，施里曼已经开始全心致力于寻找古特洛伊城遗址，并力图证明特洛伊战争发生过。一年前的1868年，施里曼先后到访了希腊的伊塔卡和迈锡尼，然后继续前往土耳其。在那里，他考察了许多其他考古学家认为是特洛伊遗址所在地的几个古老土丘，包括名为“布纳尔巴西”和“巴利达格”的遗址，一无所获，后来施里曼与美国驻土耳其副领事弗兰克·卡尔弗特成为朋友。卡尔弗特认为他自己已经发现了特洛伊。事实上，他已经买下了古遗址的一部分——一个叫作希沙利克的土丘——

并且已经挖好了几条试验坑道。卡尔弗特绝不是第一个认为希沙利克可能包含青铜器时代特洛伊遗址的人。苏格兰记者查尔斯·麦克拉伦是数个学术性地理协会的会员，他于1822年，也就是施里曼出生那年，在其出版的一本书中首次提出了这个推测。卡尔弗特主动提出与施里曼联手，施里曼欣然接受了他的提议，原因在于他有钱但没有场地，而卡尔弗特有场地但没有钱。这注定是一次非常有价值的合作。

施里曼于1869年9月从美国回来后，即他通过不正规甚至可能是非法的方式获得美国公民身份并离婚后几个月，便与索菲亚·恩加斯特罗梅诺斯在雅典成婚。此时，他四十七岁，而她十六岁。他们有两个孩子，分别取名为安德洛玛刻和阿伽门农，这部分内容会在后面讲到。

1870年4月，施里曼无视他尚未获得土耳其当局的发掘许可这一事实，开始在希沙利克进行发掘。1871年，他再次在希沙利克发掘，但直到1872年，他才开始对这个土丘进行最大胆的发掘。他在这个古老土丘的正中间挖出一条大约四十五英尺深的巨大坑道，并让他的工人们尽可能快速、尽可能深入地发掘，因为他相信一座有着三千年历史的城市会被埋在地下很深的地方。他和他的搭档凿出了一层又一层的古老定居点，先是一座，然后是两座，再然后是三座城市，还有更多。最终，在他于十年后聘用的建筑师威廉·德普费尔德的帮助下，施里曼从重叠起来的众多城市中发现了遗迹。他认为这里曾有过六座城市，也可能是七座。经过一个多世纪的遗址发掘之后，人们现在很清楚地知道这里实际上总共有过九座城市，每座城市都经历了很多个阶段的建设和后期改造。当时，施里曼和德普费尔德都没有意识到会有这么多层。

特洛伊II和“普里阿摩斯宝藏”

施里曼确信，他所说的“焚毁之城”就是普里阿摩斯治下的特洛伊。起初他并不清楚这是在该遗址建造的第二座城市——现在所知的特洛伊II——还是第三座城市。施里曼最初认为这是第二座城市，但在包括卡尔弗特在内的其他人的说服下，他在他的书《伊利昂》（1881）中错误地将其确定为第三座城市。仅仅一年后，即在1882年，德普费尔德便向施里曼证明他最初的想法是正确的，这确实是第二座城市，而不是第三座。不管是第几座城市，施里曼都认为这就是迈锡尼人用木马计谋花了十年时间才攻下的城市。1873年，施里曼在发掘时发现了“普里阿摩斯宝藏”，这让他更加确信他的鉴定是正确的。

施里曼记录了自己发现“普里阿摩斯宝藏”时的过程：5月底的一天早上，他在发掘现场周围徘徊，眼睛注视着所有工人，突然他注意到一名工人正在挖出一个巨大的铜制物体，铜制物体背后可以看到一丝金光。尽管这时还远未到早餐时间，但施里曼迅速向工人们宣布早餐时间到了。在工人们吃饭的时候，他把他的妻子叫来，“用一把大刀挖出了宝藏”（见图4）。

施里曼自称他和索菲亚挖出了这些器物，包括青铜器、银器以及金制器皿、珠宝和其他工艺品。根据施里曼的说法，他们这样做冒了极大的风险，因为在他们头顶上方有一个很高的土堆，

图4 海因里希·施里曼展出了发现自特洛伊的“普里阿摩斯宝藏”中的工艺品。这些工艺品最终被证明源自青铜器时代早期，而不是青铜器时代晚期，比普里阿摩斯生活的年代早了一千年，因此不可能属于普里阿摩斯

随时都有可能坍塌下来砸在他们身上。索菲亚用围裙或披巾将较小的器物聚集在一起，然后把它们带进屋子，施里曼则拿着较大的器物跟在后面。

进屋之后，他们快速清点了物品，发现这批宝藏包括一个铜制盾牌和一个花瓶；各种金制、银制或金银合金器皿；十三个矛头；十四把战斧；几把匕首、一把剑和其他铜制或青铜制品；以及许多金器，包括两个王冠、一个头带、六十个耳环和将近九千个更小的装饰品。然后，他们把所有东西都打包装入几个大木箱，并做好安排将它们偷偷运出土耳其，穿过爱琴海运到他们在雅典的家中。当他们和宝藏都安全到达希腊后，施里曼给妻子戴上黄金首饰并拍下她的照片，然后向全世界宣布他找到了“普里阿摩斯宝藏”（见图5）。

施里曼在个人生活上的不可靠发出了一个危险信号，即我们也不太能相信他对职业生涯的记录，尤其是他在挖掘日记中记录的那些细节。现在人们已经明白，施里曼关于发现宝藏的描述中存在很多问题，首先也是最重要的，就是在施里曼发现宝藏的那天，索菲亚甚至根本不在特洛伊。根据他自己日记中的记录，索菲亚当时在雅典。后来他也承认了这一点，说他就是太想让她参与到他的生活中了，才把她写进了故事里，认为这会让她对他终生挚爱的事业更感兴趣。

最近，这份宝藏成为众多学术研究的焦点。很明显，它不可能是“普里阿摩斯宝藏”，因为施里曼确定它的发现地点位于“焚毁之城”，即特洛伊II，而我们现在知道特洛伊II可以追溯到公元

图5　索菲亚·施里曼在雅典佩戴着“普里阿摩斯宝藏”中的珠宝进行展示，然而这些珠宝的年代实际上比普里阿摩斯所处时代和特洛伊战争早了一千多年

前2300年左右。事实上，这份宝藏中的物品与从位于东部的美索不达米亚（今伊拉克）的所谓“乌尔死亡坑”到位于西部的爱琴海利姆诺斯岛上的波利奥克尼遗址这片地区所发现的珠宝饰品十分相似。这些物品都可以追溯到大约相同的时期，就在公元前3千纪中叶之后，比特洛伊战争早了一千多年，因此不可能属于普里阿摩斯、海伦或任何与特洛伊战争有关的人。

此外，许多学者都确信施里曼编造了发现宝藏的整个故事——他不仅把本不在场的索菲亚置于现场，而且从最开始就编造了宝藏的存在。尽管人们并不怀疑施里曼确实在特洛伊找到了所有这些物品，但很有可能他不是一下子全部找到的。相反，许多人认为他可能在整个发掘时期在整个遗址上获得了一系列较小的发现，但一直推迟宣布这些发现，直到最后他积累了足够多的东西，并将它们组合成一个巨大的“宝藏”，他认为这样一宣布必将让世界震惊。讽刺的是，如果施里曼没有错误地将这些物品标记为“普里阿摩斯宝藏”，它们就不会像今天这样具有价值，也不会像今天这样引起人们如此大的兴趣。但施里曼是个善于引起公众注意的人，他知道一旦给这些物品贴上这个标签，无论准确与否，都会将全世界的注意力吸引到他的发掘现场，以及他关于发现特洛伊城的声明上，结果证明确实如此。

最终，施里曼将“普里阿摩斯宝藏”运到了德国，并将它们在柏林博物馆进行展出，一直到第二次世界大战结束前夕。后来它们突然消失了近五十年。20世纪90年代初，俄罗斯政府才承认这些珍宝已于1945年作为战争赔款的一部分被带到了莫斯科。

这些珍宝现在在普希金博物馆展出。

由于施里曼认为普里阿摩斯治下的特洛伊就是“焚毁之城”，即他在遗址上发现的九座城市中的第二座，因此他和他的工人们草率地发掘了位于上层的城市，尤其是在19世纪70年代初的时候。在1879年以及19世纪80年代的后期发掘行动中，他则更加谨慎，并经常听取学者们的建议，但仍然有很多来自这些上层以及后期城市的材料直接被丢弃。事实证明，这非常令人惋惜，因为在他生命将要结束时，德普费尔德以及他本人在希腊大陆迈锡尼和梯林斯的发现（更别提还有其他学者的观点）都让施里曼最终承认他弄错了。特洛伊II确实比他曾认定的早了一千年，特洛伊VI或特洛伊VII，即第六座或第七座城市，更有可能属于特洛伊战争时期。

施里曼最终明白了这一点，因为他在迈锡尼和梯林斯发现了与他之前在特洛伊VI和特洛伊VII发现的相同类型的迈锡尼陶器，这意味着这些地层可以追溯到青铜器时代晚期的大致同一时期。多年以来，包括弗兰克·卡尔弗特在内的其他人一直在向他和其他愿意倾听的人指明这一点。遗憾的是，为时已晚。施里曼的工人们已经摧毁或者舍弃了他一直以来在寻找的许多建筑物和物品。他没有意识到，后来的希腊人和罗马人为了建造他们自己城市的寺庙和其他建筑，已经把土丘最高的部分削平了。因此，普里阿摩斯治下的特洛伊——由于希腊化时代的希腊人和罗马人的掘土运土行动——比施里曼所猜想的更接近现代地表。

施里曼开始准备在遗址上进行新的发掘行动，但在真正开始之前，他于1890年圣诞节那天在那不勒斯一条繁忙的城市街道上昏倒，第二天便去世了。他的遗体被送往雅典，安葬在第一公墓，这是一处荣耀之所。他的坟墓上有一座希腊小神庙样式的纪念碑，上面刻有与特洛伊战争以及他在特洛伊、迈锡尼、梯林斯和其他地方发掘行动有关的各种场面，最后还附了一张施里曼手持《伊利亚特》的照片。

德普费尔德与特洛伊VI

施里曼去世后，他的建筑师威廉·德普费尔德接手了他的工作，负责希沙利克的发掘，部分资金由索菲亚·施里曼提供。他分别在1893年和1894年进行了两次发掘，这次重点是特洛伊第六座城的废墟。特洛伊VI首次建于公元前1700年前后，其后经历了多次整修和至少八个子阶段，后来被考古学家发现并以字母“a”至“h”标注，直到几百年后最终被摧毁。

虽然施里曼在希沙利克发掘了城堡的大部分核心区域，但他并未触及城堡外缘，而德普费尔德正是把绝大部分时间、金钱和精力都花在了寻找外缘上。当他在特洛伊VI城堡周围发现了一堵巨大的防御墙时，他的付出得到了回报。这堵防御墙由精心打造的石灰岩制成，与荷马英雄史诗里的描述很相配。

德普费尔德发掘出了三百码长的墙体、入口大门和一座仍然矗立的二十五英尺高的瞭望塔。今天，人们在参观希沙利克/特洛伊城遗址的时候，可以看到这些防御工事的遗迹（见图6）。虽然荷马可能混淆了城堡内墙和城市外墙，但他在《伊利亚特》中

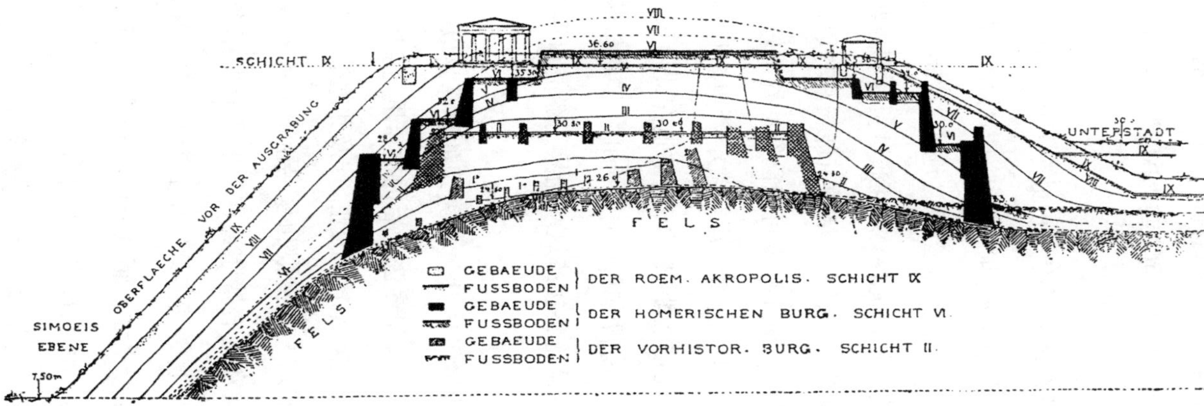

图6　这是一张特洛伊城的断面示意图，根据威廉·德普费尔德的说法，它展示了层叠起来的九座主要城市。土丘顶部的虚线显示了希腊化时代的希腊人和罗马人把土丘顶部削去的部分，这清除了一些青铜器时代的材料，从而导致施里曼错误地估计了普里阿摩斯治下特洛伊所处的地层

对这些防御工事做了相对准确的描述，包括在描写帕特洛克罗斯试图爬上城墙时提及的“夹角”或“斜坡”（《伊利亚特》XVI：702—703）。

这座城市的最终版本特洛伊VIh最令人印象深刻，城堡周围不仅有高墙和石塔，大型房屋和宫殿也为内城增光添彩了不少。这是一座富裕的城市，一处兵家必争之地，它控制着连接爱琴海和黑海的通道——达达尼尔海峡，并且通过贸易和税收变得更加富有。在此期间的某些特定阶段，尽管可能无法与迈锡尼本身相媲美，但它的财富和对外交往程度可能已经能媲美较大的迈锡尼王室。达达尼尔海峡的风向和水流经常给希望航行到黑海的船只带来不利条件，因此这些船只可能会被迫在此停留，有时会连续停留数周，直到天气变得有利于航行为止。特洛伊城及附近位于比斯克山丘的港口设施将接待这些船只的船员和乘客，不管他们是商人、外交官还是战士。

考古学家们在特洛伊VI废墟中发现的物品足以证明这座城市曾经拥有的财富。在施里曼去世后的数年里，德普费尔德经过认真考古发掘发现了从美索不达米亚、埃及和塞浦路斯进口的物品。后来的发掘者卡尔·布雷根和曼弗雷德·考夫曼也对此有所发现。包括施里曼和德普费尔德在内的所有发掘者都发现了迈锡尼陶器，其中尤以德普费尔德发现的为多。在特洛伊VI中发现这样的迈锡尼物品似乎让人感到奇怪，因为阿伽门农和他的战士们对这座城市进行了可能长达十年的围攻，但事实是迈锡尼人和特洛伊人在战争之前曾是贸易伙伴并且关系友好，甚至荷马的说法也是如此，人们想到这一点就不会觉得奇怪了。

德普费尔德发现，在经历了一系列时期以及数百年来持续不断的人类居住之后，特洛伊VI最终被摧毁。他相信迈锡尼人已经占领了这座城市，将其夷为了平地，而正是这一事件构成了荷马史诗传说的基础。他认为，这一发现将结束争论。德普费尔德在他于1902年出版的《特洛伊和伊利昂》一书中写道："长期以来关于特洛伊城是否存在以及其遗址位于何处的争论已经结束。特洛伊人胜利了……施里曼已经被证明是正确的。"

然而，与德普费尔德的观点不同，造成特洛伊VI毁灭的可能不是人类，而是大自然。

第六章

重返希沙利克：卡尔·布雷根和曼弗雷德·考夫曼

1932年，卡尔·布雷根代表辛辛那提大学开始在希沙利克启动发掘工作，此时距离德普费尔德发表关于“长期争论已终结”的言论已经过去了三十年。在此期间，没有人在这座山丘进行过发掘。这种空档期在全世界的著名考古发掘场地都不罕见，因为持续发掘需要大量的投入、资金和准备。此外，为从有关部门获得必要的许可，通常还需要进行数月或数年的谈判，尤其是对于人们认为特别重要的考古场地，这些部门不会轻易授予此类许可。

布雷根不同意德普费尔德将特洛伊VI认定为普里阿摩斯治下的特洛伊。他相信有无可争辩的证据表明，最后阶段的特洛伊VI不是被人类而是被大自然所摧毁，其原因具体而言就是一场地震。布雷根倾向于认为，特洛伊VI之后的一座城市特洛伊VIIa才是普里阿摩斯治下的特洛伊。

布雷根出版了一本半通俗的书《特洛伊与特洛伊人》（1963），其中描述了他的发掘团队在重新调查特洛伊VI各个时期时在发掘现场发现的情况。尽管这座山丘的整个顶部在希腊化时代和罗马时代因为修建雅典娜神庙而被削平，并且幸存下来的很少一部分器物后来也被施里曼清除，但沿着边缘，他们发现未被移动的沉积物仍然存在，有十五到十八英尺（五到六米）深，就在防御墙内。在这个他所谓的“硕大堆积物”中，是从特洛伊VIa到VIh的八个连续地层（见图7）。

布雷根发现这八个地层包含了特洛伊VI的整个历史，其中没有文化断裂的痕迹，这意味着当地居民在几个世纪里没有受到外来干扰的情况下，重新组织并改造了他们的城市。虽然陶器就像建筑物一样会随着时间的推移而改变，但总体而言，很明显一代又一代的特洛伊人曾在这座城市里生活过。虽然这里也曾遭

图7　特洛伊I至IX的平面图，展示了埋在古老的希沙利克的山丘下各座城市所处的不同地层。为了展示得更清楚，图中将特洛伊VI单独放大了

到一些轻微的破坏和干扰，比如考古人员在公元前15世纪末或公元前14世纪初的VIf时期发现了那时火灾的遗迹，但总体来说，文化连续性贯穿特洛伊VI的整个时期，这意味着当时没有出现新居民或侵略者的大规模介入。

虽然这座城市历史的下一个时期被考古学家们称为特洛伊VIIa，但它也与前一座城市显示出了类似的文化连续性。事实上，德普费尔德和布雷根都认为，这并不是一座真正意义上的新城市——它只是修复城墙和房屋之后的特洛伊VIh的重建版。1932年至1938年布雷根在现场发掘期间，德普费尔德还于1935年提议，特洛伊VIIa实际上应该称作特洛伊VIi，它是这座城市的第九个时期，而不是一座新城市的第一个时期。然而，正如布雷根所说，虽然这"肯定与观察到的事实相符……但我们还是保留了既定的术语，以免让那些早已熟悉它的人感到困惑"。在布雷根发掘行动的五十年后，曼弗雷德·考夫曼再次到现场进行发掘，他发表了类似的评论："应该注意到，德普费尔德已经指出了这一点，由于与前一时期存在高度相似性，因此VIIa时期确实应该作为特洛伊VIi划分到特洛伊VI……基于最近的发现，我们也更倾向于这种划分。"

地震的证据

在很多情况下，布雷根都与德普费尔德观点相同，包括该遗址是在特洛伊VIh末期被摧毁的，因为他的发掘也提供了大规模火灾和破坏的证据。但他在这座城市如何被摧毁以及为何被摧毁这个问题上持不同观点。根据布雷根的说法，这里没有入侵者的迹象，没有出现新类型的陶器，也没有发生可能表明这座城市已被迈锡尼人或其他任何人摧毁的重大变故。

在特洛伊VIIa中甚至还发现了迈锡尼陶器，其中大部分是由特洛伊人或当地迈锡尼人制作的仿制品，这无法证明迈锡尼人在特洛伊VI末期是否已经彻底摧毁了这座城市并将其付之一炬，就像荷马所描述的那样。相反，似乎当时迈锡尼人仍在与特洛伊人进行贸易，或者至少在特洛伊VIIa时期的很长一段时间（持续超过一个世纪）里，迈锡尼人与特洛伊人仍然保持着联系。所有这一切都向布雷根表明，当地居民——特洛伊VI时期最后一座城市被摧毁之后的幸存者——只是重建了这座城市并继续生活了下去，开启了这座长寿第六城的下一个时期。四百多年来，人们建成了这座城市，并且在一系列不同的历史时期不断地对它进行重建。

因此，虽然德普费尔德认为迈锡尼人已经占领了特洛伊VIh并将其焚毁，而且正是这一事件构成了荷马史诗传说的基础，但由于注意到了特洛伊VIh和特洛伊VIIa之间的连续性，布雷根礼貌地表达了不同意见。他认为特洛伊VIh是被地震摧毁的，而非人类。如果是这样的话，这将不是第一次（地震），因为有证据表明较早期的城市——特洛伊III、特洛伊IV和特洛伊V——也都遭遇过地震破坏。此外，众所周知，希沙利克遗址就坐落于北安纳托利亚大断层线附近。20世纪90年代后期出现的摧毁该地区的大地震表明，这个区域的地震活动目前依然活跃。

布雷根提供的证据能够支持他关于特洛伊VIh被地震摧毁的假设——发掘现场可见被震得凹凸不平的墙壁以及倒塌的巨大塔楼，到处都是受过巨大外力和剧变的迹象（见图8）。正如他在发掘队发布的最终报告中指出的那样："我们确信可以将这场灾难归咎于一场严重的地震……关于城墙的倒塌，强烈的地震冲击比任何可能的人类行为都更有说服力。"一位受人尊敬的地质考古学家后来进行了重新调查，他同意布雷根的结论，认为"辛辛那提挖掘人员提供的证据……似乎无懈可击"。

一些学者争辩说，迈锡尼人可能利用了袭击特洛伊的这次地震，并且他们可能通过突遭毁坏而倒塌的城墙进入了城内。这反过来又引起了鉴定上的问题，因为虽然特洛伊VI在许多方面都符合荷马的描述——它的城墙足够高大，它的房屋足够宏伟，它的

图8　这是20世纪30年代卡尔·布雷根在发掘特洛伊VI期间拍摄的一张照片，其中倒塌的石块和受损的墙壁表明此处可能受过地震破坏

街道足够宽阔，它足够富有——但荷马却丝毫没有提到过地震。

下面再来讨论特洛伊木马。尽管有不少学者认为特洛伊木马实际上是攻城槌或其他某种战争机器，但德国院士弗里茨·沙赫迈尔提出，特洛伊木马不是战争机器，而是地震的诗意隐喻。他的推理很简单：波塞冬是希腊地震之神，而波塞冬的象征物通常是一匹马（就像雅典娜的象征物是猫头鹰一样）。根据古希腊人的说法，在拉着坐在战车上的波塞冬的时候，马蹄踏地的声响不仅产生了海浪的撞击声，而且产生了与地震如影相随的巨响。因此，特洛伊木马可能是荷马描绘波塞冬为夷平特洛伊城墙而引起地震的方式。从字面上理解，特洛伊木马指的就是地震，但这只是比喻性的说法。这是一个巧妙的提议，但可能有点牵强。但如果我们把自己放在荷马的位置上，这是在不完全改变这座城市真正历史结局的情况下结束故事的唯一方法。此外，如果人们希望特洛伊VI成为普里阿摩斯治下的特洛伊，那么没有其他方法可以解释，为什么这座城市除了其毁灭方式之外在各方面都符合荷马的描述。

重新定代和再次利用

近期，对在特洛伊VIh地层中发现的进口及本地迈锡尼陶器进行的重新调查，重新确定了这座城市的毁灭年代。布雷根起初将这些陶器所处的年代确定为公元前1275年前后，但后来的学者对这个时间界定争论不休，有些人甚至认为它最晚可能追溯到公元前1130年至公元前1100年。这项新研究由佩内洛普·芒乔伊在20世纪90年代完成。佩内洛普·芒乔伊是一位备受尊敬的学者、多部有关迈锡尼陶器的权威著作的作者，同时也是几十年来首位有能力处理和重新调查布雷根发现的所有陶片的人。她在她内容详细的论文中得出这样的结论：特洛伊VIh被摧毁的时间最可能在公元前1300年前后。她还与布雷根持相同的观点，即特洛伊VIh的命运可能因地震而终结，而与阿伽门农或迈锡尼人无关。

布雷根注意到，特洛伊VIh城堡内存在许多大型富丽房屋的废墟，其中有一部分被立即重建并在特洛伊VIIa中重新使用，但现在有许多隔断墙把这些房屋的内部进一步细分，就好像许多家庭生活在此前单一家庭居住的地方；另一部分被再次利用，当地居民借助被毁坏的精美房屋的墙柱，在原址上建造起破烂不堪的茅舍和房屋。同时还有其他线索也让他认为这座防御严密的城堡的人口突然之间增长了许多倍。在他看来，这次人口爆炸的一个主要迹象是许多储物罐，也即用于存放酒、油和粮食的大口陶瓷坛——不仅存在于房屋内，有的还埋在地面以下，因此只能看到和触及它们的顶部。通过埋藏这些罐子，当地居民能够在不具备冷藏条件的时代将一些易腐烂变质的物品保存在低温环境中，与此同时，他们还能够将谷物、葡萄酒、橄榄油和其他生活必需品的整体存储容量增加至原来的两倍甚至三倍。

特洛伊VIIa的毁灭

布雷根确信他正在发掘一座曾经被围困的城市。当时，面对不断迫近的敌军，来自贫民区以及周围村庄的居民像潮水一样涌入了这座富裕的城镇要塞。他认为他的怀疑得到了证实，因为他在城堡内的街道上发现了人体骨骼或未被埋葬的部分尸体，他还发现了箭头，确切说来是爱琴海地区制造的箭头，以及火灾和房屋被焚毁的证据，这些都让他相信特洛伊VIIa是被战争摧毁的。他和他的发掘队同事在最终报告中写道，特洛伊VIIa的废墟上"到处都有被焚毁的痕迹"，"在VIIa定居点被火烧过的废墟中发现的散落的人体骨骼残骸无疑可以表明，它的毁坏过程中伴随着暴力（见图9）。几乎不需要想象力就能

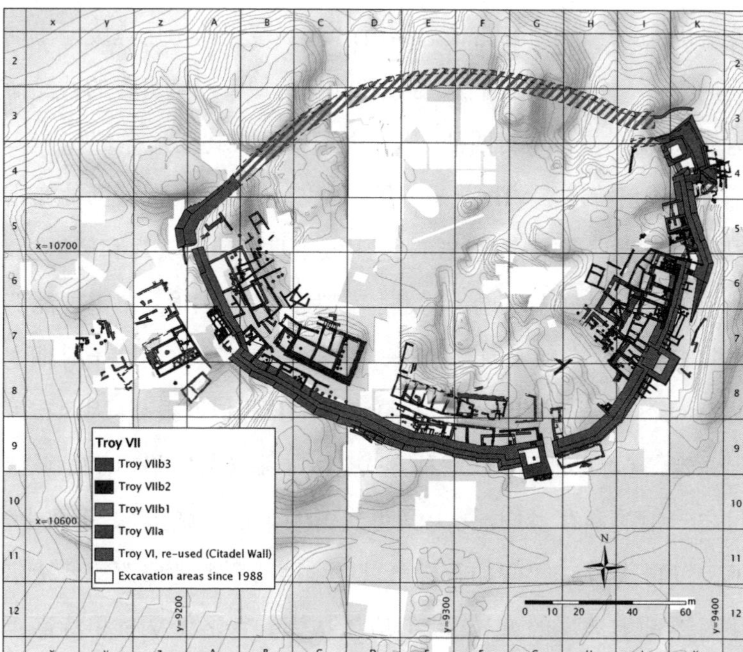

图9 这是一张特洛伊VIIa的平面图。曼弗雷德·考夫曼1988年至2005年间在该遗址牵头开展发掘的情况显示，特洛伊VIIa重复利用了特洛伊VI的城墙

明白这里反映出的信息，一座古老城镇惨遭死敌占领和洗劫的命运”。

布雷根说，很明显，迈锡尼人付之一炬的是特洛伊VIIa，而不是特洛伊VIh。基于他对陶器的年代测定，以及希望将这一地层与特洛伊战争联系起来的愿望，他把这座城市的毁灭年代确定为大约公元前1260年至公元前1240年。他知道，如果迈锡尼人像荷马所描述的那样卷入了特洛伊战争，他们就必须在自己的文明受到攻击、自己在希腊大陆上的宫殿遭摧毁之前参与其中。在某些地方，这开始于公元前1225年。在他1963年出版的《特洛伊与特洛伊人》一书中，布雷根总结道：“被火烧黑的定居点废墟生动地描绘了一个被死敌围攻、占领和劫掠的城镇经常遭受的残酷命运，就像荷马史诗中对四处劫掠的远征军所描述的那样。”

在确信特洛伊VIIa就是普里阿摩斯治下的特洛伊之后，布雷根又着重强调了下一座城市，这座城市直接建在灰烬和废墟上，此前的考古发掘人员已经将其标记为特洛伊VIIb。布雷根能够将其细分为两个独立的时期——VIIb$_1$和VIIb$_2$。这两个子时期中的第一个——特洛伊VIIb$_1$，与特洛伊VIIa相似度很高，因此布雷根断定，这可以证明“以某种方式逃脱了那场将特洛伊VIIa城堡付之一炬的幸存者们，马上又再次占领了这座城堡”。事实上，他一度再次写道：“假如我们可以完全随心所欲地修改德普费尔德对遗址上地层的编号，我们应当认识到特洛伊VIIa和特洛伊VIIb$_1$之间的文化联系，从而将其分别命名为特洛伊VIi和特洛伊VIj，这才更为恰当。”根据布雷根的说法，这个子时期持续了大约一代人的时间，但他不清楚是什么导致它在公元前1150年走向终结，因为他没有发现任何暴力迹象，没有火灾，没有劫掠，$VIIb_1$城也没有陷落。布雷根将其视为未解之谜，没有继续研究。

这两个子时期中的第二个——特洛伊$VIIb_2$，与之前发生的一切完全不同。由于它是如此与众不同，所以如果可以的话，布雷根宁愿将其称为特洛伊VIII。特洛伊$VIIb_2$不只是同一座城市的第二个时期那么简单，因为在这个时期，城市的规划完全改变了，房屋结构与以前不同，陶器也焕然一新。特洛伊$VIIb_2$的居民也与此前全然不同，就好像特洛伊$VIIb_1$的先前居住者全部消失了一样。这个子时期持续了两到三代人的时间，然后这座城市在公元前1100年前后再次被摧毁，原因可能是敌人的攻击或另一场地震。在这之后，特洛伊废弃了几个世纪，最终从公元前700年前后的铁器时代开始才又有人居住，然后一直持续到罗马时期以及之后。

有关布雷根解读的一些问题

那么，布雷根最终解开了这个谜团并且确定了发生特洛伊战争的那座城市吗？特洛伊战争真的发生在特洛伊VIIa吗？他的鉴定存在几个问题。一方面，特洛伊VIIa不符合荷马的描述——在荷马笔下，这是一座富裕的城市，拥有高耸的城门、高大的城墙、宽阔的街道、大房子和宏伟的宫殿。而布雷根发掘出的是一座经过重建的贫穷城市，大型房屋被隔断墙分割，地下还埋有储物罐。布雷根认为这是一座被围困的城市；佩内洛普·芒乔伊最近则表示，这只是一座试图从毁灭性的地震中逐步恢复的城市，（人们）在废墟中匆忙建造了用于临时居住的房屋。无论如何，这都不是一座需要花费十年时间才能攻克的城市，更不是一座值得书写史诗的城市。事实上，特洛伊VIIa与荷马史诗唯一相匹配的地方就是它被摧毁的方式——一场蓄意制造的战争。也许荷马在书写宏伟的特洛伊VI城的同时，也在书写特洛伊VIIa城的毁灭——换言之，借助诗人的自由发挥，把历史事件压缩，从而创造一部宏大的史诗传说。但这只是一种可能的情况。

此外，在过去的半个世纪里，布雷根对特洛伊VIIa被毁年代的认定多次受到质疑，这些质疑总是基于考古发掘人员在定居点发现的陶器。一些学者据此认为，特洛伊VIIa被毁的年代至晚可以确定为公元前1050年。最近，芒乔伊基于她自己对那些陶器的重新分析，将上述年代重新确定为公元前13世纪的最后几十年到公元前12世纪的头几十年，大约在公元前1230年至公元前1190/1180年之间。除非希腊大陆上迈锡尼人的宫殿正是因为他们所有的战士都在特洛伊参加战斗而遭到袭击并被摧毁，否则可能很难解释为何迈锡尼人应对这座城市的毁灭负责。事实上，芒乔伊认为，不是迈锡尼人摧毁了特洛伊VIIa，而是海上民族摧毁了它。她认为，迈锡尼人摧毁的城市是更晚期的特洛伊$VIIb_2$城，这场战争发生在约公元前1100年。不过，由于后一种说法在时间上过于靠后，因此不太可能。

为了造成更大规模的破坏，海上民族选择在这个时候进攻和摧毁特洛伊VIIa城当然合适。有些人推断，这座遭受重创的城市的幸存者在随后的行动中加入了海上民族的行列。然而，尚不清楚海上民族是否真的袭击了特洛伊，因此特洛伊VIIa的破坏者的身份仍然是一个悬而未决的问题，对于特洛伊$VIIb_1$和特洛伊$VIIb_2$而言也是如此。

考夫曼在特洛伊的发掘

布雷根在特洛伊的发掘工作结束整整五十年后，下一个发掘小组在1988年启动了工作。该小组由德国图宾根大学的曼弗雷德·考夫曼领导，他对调查该遗址的青铜器时代地层十分有兴趣。通过与考夫曼协作，对遗址后青铜器时代地层（希腊化时代和罗马时代的遗迹）的调查也重获启动，第一位负责人是布林莫尔学院的斯特拉·米勒，之后是辛辛那提大学的布莱恩·罗斯。

考夫曼和他的青铜器时代团队首先对山丘中心的早期青铜器时代遗迹重新进行了彻底的调查，并首次在发掘现场收集了所有时期的放射性碳样本。后来，他们主要关心的是重新调查特洛伊VI和特洛伊VII这两座城市，希望确定这两座城市的规模，青铜器时代晚期那里的生活是什么样的，以及这两座城市究竟发生了什么，以至于它们其中一个遭遇了戏剧性的结局。

考夫曼坚称他不是在调查特洛伊战争，也根本没有兴趣证明或反驳这个传说，而是在调查一座非常有意思的青铜器时代晚期城市。这个城邦与其他国家有着广泛联系，并且在公元前2千纪末期是该地区的一个强国。然而，到2001年，考夫曼确信他正在发掘的城市（他用德语称之为特罗亚）无疑就是赫梯人称为维鲁萨的那座城市。从那时起，他的发掘报告就把该遗址称作特罗亚/维鲁萨，这一认定已为许多其他学者所接受。

考夫曼和他的团队借助出色的发掘技术和高科技设备获得了许多发现。一方面，他们发现并确定了另一个子时期——特洛伊 $VIIb_3$，它持续了近一个世纪，并在该遗址被废弃数百年之前的公元前1000年左右走向终结，原因尚不明确。

他们还在该遗址发现了第一份手写笔迹材料——一枚在两侧都刻有铭文的双凸型青铜印章。这枚印章于1995年在 $VIIb_2$ 地层被发现，年代可追溯至约公元前1100年，其中一面刻着男人的名字，另一面刻着女人的名字，并有迹象表明该男子可能是一名抄写员。

贫民区

迄今为止，他们最重要的当然也是最大的发现，是在1988年项目开始后不久获得的。几年之内，考夫曼和他的团队确信他们通过遥感设备已经查明这里存在一个规模宏大的贫民区，从实际的希沙利克的山丘向南延伸超过一千三百英尺（四百米）。这一发现使特洛伊城的规模和人口比之前猜测的增加了十到十五倍。它还清楚地表明，青铜器时代晚期的特洛伊确实是一座富裕繁荣的城市，占地面积五十到七十五英亩（二十万到三十万平方米），居民人口约四千人到一万人。此次调查持续了十几年的时间，一直到2005年，考古学家才得以确认希沙利克的山丘周围几乎所有的土地都覆盖在整个贫民区之上，包括可追溯到特洛伊VI和特洛伊VIIa时期的地层，以及后来位于这些地层之上，按照既定的南北/东西方向网格布局的希腊化时代和罗马时代的废墟。事实上，后期的遗迹完全覆盖了青铜器时代贫民区的遗迹。它们“保存不善”，并且“挖掘起来很困难，只能一小块一小块地挖”，一位考察队员如是说。

考夫曼团队使用了几种不同类型的磁力计，这是一种很受欢迎的遥感设备，因为它能让考古学家在开始发掘之前就观察到地下的情况。通过在特定点测量预定发掘区域内的局部磁场强度，该团队能够创建地下图像：根据局部磁场的变化确定地下是墙、沟渠或者什么都没有。随后开展的实际发掘旨在核实最初遥感设备发现的东西。

很明显，施里曼、德普费尔德和布雷根一直在发掘宫殿所在的城堡或这座城市的富人区，其规模仅为656英尺乘656英尺（200米乘200米）。回想起来，特洛伊有一处贫民区不足为奇，因

表2　希沙利克/特洛伊地层年表（约公元前1300年至公元前1000年）

遗址地层	大概的结束日期	可能的毁灭原因	结　局
特洛伊VIh	公元前1300年	地震	延续/重建
特洛伊VIIa	公元前1230年至公元前1190/1180年	敌人袭击	延续/重建
特洛伊$VIIb_1$	公元前1150年	不明	引入新文化
特洛伊$VIIb_2$	公元前1100年	地震或敌人袭击	延续/重建
特洛伊$VIIb_3$	公元前1000年	不明	废弃了数个世纪

为当代迈锡尼的大部分宫殿遗址都有一个城堡和一个贫民区。但是，考夫曼和他的团队是用现代科学设备和一些有根据的猜测找到的特洛伊的贫民区。

这项技术，或者至少是对它的解读，并不绝对可靠，考夫曼和他的团队就曾被引入歧途。1993年2月，他们大张旗鼓地宣布，他们的遥感设备已经表明地下深处存在某种东西，它是环绕着距离城堡一千多英尺远的贫民区。该团队将他们的发现解读为一堵巨大的防御墙。当时，这成为世界各地的头条新闻。然而，在那年夏天进行发掘时，人们发现它根本不是防御墙，而是一条大型防御壕。这条防御壕的年代可追溯到特洛伊VI时期，它切入基岩，深度在三到六英尺（一到二米），宽度达十三英尺（四米）。几千年来，这条壕沟内已经填满了泥土和垃圾，因此在他们的扫描仪中显示为一个固体块状物，他们最初将其误解为一堵墙。

在发现这条防御壕之后的头两年（1993年和1994年）中，该团队探测出这条沟渠的长度达一千多英尺，后来发现了一个三十英尺（十米）宽的大门。他们还发现有两条这样的防御壕，其中一条距离城堡更远，使用时间也更晚，这显然是在特洛伊VI后期人口向外扩张的结果。每个防御壕后面可能还有一个木栅栏或者高篱笆，但早已瓦解。考古学家们还能够追踪到城堡周围巨大的特洛伊VI石墙的遗迹，这是由德普费尔德首次发现的，暴露出的部分比之前发掘人员发现的还要多。

1997年至2001年间，考夫曼团队还完整发掘了所谓的“泉洞”——一套由相互连接的人造隧道、竖井和水平巷道共同组成的刻入原生岩石中的给水系统。它位于城堡的城墙外，贫民区的西南部。主隧道在重新发掘期间就已经被发现，但由于在隧道入口和入口附近有鱼塘和其他建筑的遗迹，因此人们认为它可以追溯到罗马时代。前面的这些遗迹确实可以追溯到罗马时代，但到2001年，考夫曼和他的团队已经能够将隧道系统的建造年代追溯到公元前3千纪的青铜器时代早期，并表明它已经使用差不多有两千年了。这对考夫曼来说极为重要，尤其是从把希沙利克/特洛伊与赫梯文献记录中已知的维鲁萨城联系起来这个角度看，因为这可能就是《阿拉克山杜条约》中提到的“维鲁萨国中的地下河道”。

考夫曼和特洛伊VIIa

同之前的布雷根和德普费尔德一样，考夫曼竭力说明特洛伊VIh和特洛伊VIIa之间不存在文化断裂。考夫曼与先行者的不同之处在于，他认为特洛伊VIIa（或特洛伊VIi）已经持续存在了一个多世纪。考夫曼援引佩内洛普·芒乔伊和她对迈锡尼陶器的重新调查，宣称特洛伊VIIa肇始于约公元前1300年，并在经过了几个建造时期后“由于受到战争的破坏”而终结于约公元前1180年。

早在1995年，考夫曼就在贫民区发现了表明特洛伊VIIa时期已经在火灾和战争中终结的证据，这是他最引人注目的发现之一。正如他在一份初步报告中所指出的那样，他们的发掘表明，城堡山丘西南部有一处年代可以追溯到特洛伊VIIa末期的被烧毁的地层，他们认为这是由“一场军事行动”所致。后来，他在大众杂志《考古学》中指出，他们在该地区发现了一些骨架和“成堆的投石器投掷的石弹”，最终显示其中包含一座带有储藏室的大型庭院式住宅的遗迹。有趣的是，在这座特洛伊VIIa时期庭院式住宅的正下方是一座特洛伊VIh时期的建筑，这座建筑在考夫曼看来也因地震而被完全烧毁。因此，在这样一个单独的小区域内，考夫曼就发现了一处被敌人行动摧毁的特洛伊VIIa时期建筑层叠在一处被地震摧毁的特洛伊VIh时期建筑上的证据。

多年来，考夫曼团队在贫民区发现了青铜箭头，至少一具未掩埋的年轻女孩尸体的骨架，以及几堆供防御者即时使用的投石器石弹（见图10）。他的一名团队成员将这种场景描述为一场输掉的战争，事实上，至少对考夫曼来说，所有这些都是城市遭到敌军进攻的明确证据。他曾经在2004年播出的一部英国广播公司纪录片中宣布：“现有证据显示（那座城市）遭遇了一场火灾，那里有很多人体骨架，比如说我们发现了一个十六七岁女孩的尸体骨架半埋在土中，她的脚被火烧伤了。令人感到奇怪的是，这次快速掩埋竟然发生在城市内的公共空间……我们还发现了成堆的投石器石弹……这是一座被围攻的城市，同时城中也在进行防御抵抗。他们输掉了战争，显然他们被打败了。”然而，考夫曼没有具体说明他认为破坏是由谁造成的，也没有对迈锡尼文明当时处于强势阶段这一事实做出评论。

事实上，人们完全不清楚到底是谁摧毁了贫民区。迈锡尼人可能使用这种青铜箭头，但是海上民族或其他人也完全有可能使

图10　在特洛伊贫民区的特洛伊VIIa地层中发现的箭头表明，该城市在战斗中被敌军摧毁

用这种青铜箭头。如果像考夫曼所指出的那样，导致这座城市被毁的事件最晚可以追溯到公元前1180年，那么这次毁灭既有可能与迈锡尼人有关，也很可能与拉美西斯三世时期海上民族的第二次入侵有关。不过，这种年代测定是基于芒乔伊分析迈锡尼陶器得出的最新可能日期，因此根据同一项研究，这次袭击很可能早在几十年前就发生了。如果真是这样，那么这次被毁可能与赫梯

泥板中记录的维鲁萨国王瓦尔姆最初被推翻有关，并且终究可能牵扯到迈锡尼人。然而，这个假设很大程度上是基于推测。

一场新的特洛伊战争

尽管尚不清楚特洛伊VIIa是被迈锡尼人还是被其他人摧毁的，但考夫曼的新发现可能最终会为特洛伊战争这个问题找到答案。他的数据同大多数考古学家的数据一样，仍然需要解释。在这一方面，考夫曼的工作已经受到了抨击，质疑者出人意料，正是他在图宾根大学的同事——弗兰克·库伯。

从2001年夏天开始，一场有关特洛伊的大型展览在斯图加特开幕，然后巡回到不伦瑞克，最后到了波恩。在这场大型展览期间，库伯指责考夫曼在特洛伊发掘过程中夸大其词，做出误导性声明并开展劣质学术研究。库伯声称特洛伊没有贫民区，贫民区和在基岩上凿出的防御壕都是考夫曼凭空想象出来的，旨在欺骗公众。

这种争论越来越激烈，最终导致该大学在2002年2月举行了一场为期两天的会议——这近乎一次模拟审判。每天有八百多人参加会议，第二天的三小时一般性讨论通过广播向德国大部分地区的热情听众进行现场直播。六十多名记者报道了整个过程。据其中一位记者称，这场会议最终以考夫曼和库伯之间的斗殴结束，这位记者将其称作“一场不合时宜的互殴”，但最终裁决支持考夫曼和他对特洛伊的解释。此后不久，一些参加会议的青铜器时代专家撰写了一篇篇幅很长的重新评估报告，对考夫曼及其对特洛伊的解释提供了支持。然而，库伯并没有放弃抗争，这场争论在学术期刊上还在继续。

2005年8月，考夫曼突然去世。随着他的去世，特洛伊、图宾根、谢菲尔德及其他地方的考夫曼的同行接过了他未竟的事业。图宾根大学一直继续着在特洛伊进行的青铜器时代发掘工作，在2005年夏天首先由考夫曼能力十足的副手彼得·雅布隆卡负责，此后由考夫曼的多年同事恩斯特·佩尼卡负责。

后　记

最后，关于特洛伊战争，我们知道什么，我们又相信什么？荷马所描述的是发生在青铜器时代末期的一次真实历史事件，还是迈锡尼人在他们自己的文明崩溃前，在安纳托利亚海岸发动的最后一场冲突？在遥远的过去以及最近，人们已经创作了很多关于特洛伊和特洛伊战争的文章。有人声称特洛伊位于英格兰、斯堪的纳维亚半岛甚至是土耳其的奇里乞亚，也有人声称这个传说实际上是亚特兰蒂斯传说的混乱版本，甚至在最近几年有些人竟然把不着边际的奇特想法写成了书籍出版。学者们自己仍在争论荷马和特洛伊战争的历史真实性，有人说荷马史诗应该被视作纯粹的幻想作品，但也有人说“特洛伊战争主题……可能是公元前8世纪凭空捏造出来的”，这种说法令人难以置信。

有两个问题仍然至关重要。安纳托利亚西北部是否真的发生过一场战争，而后荷马据此写成了《伊利亚特》？我们是否已经发掘过普里阿摩斯治下的特洛伊城曾经矗立的地方？撇开老爱唱反调的人不说，大多数学者都会同意这两个问题的答案都是肯定的，但这只是在一定程度上的肯定。提供明确答案所面临的难题不在于我们拥有的数据太少，而在于我们拥有的数据太多。

古希腊史诗、赫梯语记录、卢维语诗歌和考古遗迹提供的证据表明，特洛伊战争不止发生过一次，而是多次，这些战争发生在我们称为特洛伊和特洛阿德的地区。因此，有关荷马笔下特洛伊战争的证据既令人向往又模棱两可。在这方面，没有“确凿的证据”。

到底有多少场战争？

根据希腊文献证据，至少发生了两场特洛伊战争（一场由赫拉克勒斯发起，另一场由阿伽门农发起），而不是一场。事实上，如果算上阿伽门农早些时候对铁乌特拉尼亚进行的那次未遂的攻击，一共发生了三场战争。然而，根据赫梯文献证据，从公元前15世纪后期的阿苏瓦叛乱到公元前13世纪后期维鲁萨国王瓦尔姆被推翻，这期间至少发生了四场特洛伊战争。此外，根据考古证据，在公元前1300年到公元前1000年之间，特洛伊/希沙利克的三次毁灭中至少有两次是由人为引起。其中一些情况人们早已知晓，而其余内容直到最近才为人们所知。

遗憾的是，这些单个事件中没有一个可以确定地说与另一个事件相关联。例如，人们会认为，在相关赫梯记录中看到的瓦尔姆被推翻事件会在特洛伊VIIa的毁灭中有所反映，但我们不能完全自信地说这两者肯定有联系。

然而，这却是这类早期阶段的考古中经常遇到的一个难题——即使从考古学上可以证实某个遗址遭到了破坏，而且有书面文献记载这座城市曾遭到了攻占和/或破坏，通常也很难把这两者联系起来。与此有关的最好例子是以色列的美吉多，我们从书面记录中得知，埃及法老图特摩斯三世在公元前1479年左右占领了这座城市。我们在该地点也发现了几个考古地层，可以表明此地遭到了破坏。然而，迄今为止我们还无法将书面文本与考古证据关联起来。

还有一点必须明确，任何从历史和考古学上确定特洛伊战争发生地点的尝试必然都基于一种间接论据，该论据会援引一系列假设和观察结果，从而产生看似合理但仍然是假设条件下的重现。这些假设包括以下内容，人们可以利用其中的部分或者全部：

- 维鲁萨可能是伊利昂（特洛伊）。
- 维鲁萨国王阿拉克山杜可能是伊利昂/特洛伊的亚历山大/帕里斯。
- 维鲁萨国王瓦尔姆在公元前13世纪后期被敌军废黜。
- 阿希亚瓦人可能是希腊大陆的迈锡尼人。
- 特洛伊VIh可能是被地震摧毁，而非被人类摧毁。
- 特洛伊VIIa是在战争中被人类摧毁的。

荷马与历史

有人可能会争辩说，荷马为了创作一部以十年斗争为主题的引人入胜的史诗，借助文学特权将人和事件以及几个世纪断断续续的战争浓缩在了一起，这是非常可信的。他的诗歌并不注定成为一本历史书，而注定是一部涉及爱情和荣誉等普遍主题的弘扬民族自豪感的史诗。

在荷马可能采用的素材中，除了他对青铜器时代爱琴海地区勇士和武器的理解之外，还包括阿苏瓦叛乱和在公元前1420年图达里亚一世/二世时期迈锡尼可能参与阿苏瓦叛乱的故事，以及他对公元前1300年前后被地震摧毁的富裕城市特洛伊VIh的了解。口头文学可能也讲述了重建的特洛伊VIIa城，以及公元前13世纪中叶哈图西里三世时期赫梯人和阿希亚瓦人在维鲁萨问题上积累的仇恨。特洛伊VIIa城首先在约公元前1280年穆瓦塔利二世时期由阿拉克山杜统治，然后在约公元前1225年或图达里亚四世后期由瓦尔姆统治。荷马可能也听说过在公元前1230年至公元前1180年间一场战争中毁灭的特洛伊VIIa城，甚至可能还听说过后来于公元前1100年前后毁灭的特洛伊$VIIb_2$城。

因此，荷马在《伊利亚特》中对特洛伊的描述可能取材于他对特洛伊VIh的了解，而对其毁灭的描述则可能取材于他对那场终结了特洛伊VIIa的火灾的认识。如果是这样，人们可以认为荷马所描述的特洛伊战争是一个过程而非一个事件，它融合了青铜器时代晚期数百年间人物、地点和事件的细节，更不用说随后在特洛伊战争和荷马所处时代之间五百年中所发生的一切了。荷马可以将旧史诗中的素材编入他自己的材料，为了更好适应自己所处时代的需要，他将野猪獠牙装饰的头盔、塔盾和埃阿斯等更早期的人物包括在内，并且更新了某些情况下使用的装备和战术。此外，他还用亲切友好却令人生畏的特洛伊VI城代替了瓦尔姆治下更加摇摇欲坠的重建之城特洛伊VIIa。

荷马可能还没有完全弄清楚事实真相，可能也并不在乎。毕竟，自中世纪以来，一些最伟大的史诗诗人和诗歌在我们了解历史真相之前就已经改变了它，有时一部伟大的英雄传说是围绕着一个事件写成的，这个事件意义不大或者已被歪曲得再也无法辨认。只需看下《罗兰之歌》和《尼伯龙人之歌》，这两部史诗都改变了实际历史事件的细节。因此，即便对其中一些细节可能还有疑问，但在认识到特洛伊战争传说的基本要素可以得到确认之后，我们应该感到满足，因为我们了解的东西比某些人可能意识到的还要多得多。

自施里曼时代以来，即便我们还没有证明阿伽门农是否曾经存在过，但我们已经确认了迈锡尼人及其文明的存在。即便我们还没有最终确定发掘现场中的哪个地层属于普里阿摩斯生活的年代，甚至还没有证明普里阿摩斯是否也真正存在过，但我们已经确认特洛伊城确实存在过。虽然不能具体确定阿喀琉斯和帕特洛克罗斯是否曾存在过，但我们已经证实，或者至少可以非常自信地推测，在青铜器时代后期三个多世纪的时间里，迈锡尼的勇士们在安纳托利亚西北部海岸上断断续续地参加过很多场战斗，确切地说就是在特洛伊地区。此外，即便我们无法明确地说在公元前13世纪早期与阿拉克山杜打仗的人，或者在公元前13世纪后期废黜了瓦尔姆的人就是阿伽门农，但我们现在知道，赫梯的记录表明同一时期发生了很多场战争或冲突，有些发生在特洛伊，有些是因特洛伊而起。换言之，无论亚历山大和海伦、阿伽门农和普里阿摩斯、阿喀琉斯和赫克托是否真的存在过，荷马所写传说的基本轮廓是真实的。

但是，特洛伊战争的原因会是对一位女性的爱吗？一场为期十年的战争会因为一个人遭绑架而引发吗？答案当然是肯定的，就像公元前13世纪一位赫梯王子的死引发了埃及与赫梯之间的战争，而第一次世界大战的爆发则是源自斐迪南大公遇刺。但正如人们所说，第一次世界大战可能无论如何都会发生，其他某个事件或许只是诱因。所以人们也可以认为，无论有没有海伦，特洛伊战争都会不可避免地发生。为了控制土地、贸易、利润和黑海通道，这场战争注定会发生，而假设条件下的海伦遭到绑架一事仅仅是一种借口罢了。

这样一场战争会持续十年之久吗？这看起来当然不太可能，其中也许还有其他因素在起作用。或许像一些人推测的那样，最初对铁乌特拉尼亚的突袭和最终对特洛伊的袭击之间有九年的间隔。或许就像康奈尔大学古典学教授巴里·施特劳斯所说，十年只是近东的一种表达方式——“有九必十”，意思就是很长一段时间。或者它真的持续了十年，我们可能永远无法知晓。

此外，特洛伊战争的真正原因也可能与特洛伊人本身无关。特洛伊位于迈锡尼帝国和赫梯帝国的边缘，夹在古代地中海世界的两个大国之间，可以称之为“有争议的外围地区”。双方都认为他们应该占有特洛伊，并且双方都愿意为争夺这座城市的控制权而开战。特洛伊人自己想要什么无关紧要，或者至少产生不了什么影响。因此，明显会有这种可能性存在，即特洛伊战争实际上是在迈锡尼人和赫梯人之间进行的，而特洛伊人只是被裹挟在中间的不幸民族（但荷马和赫梯人的记录都认为他们站在赫梯人一边反对迈锡尼人/阿希亚瓦人）。

影响多个时代的一场战争

当然，从艺术和文学上对特洛伊战争及其知名参与者（包括奥德修斯）的命运的重新诠释已经演绎了数百年，直至今日还在继续。因此，我们不仅有后来的希腊剧作家和罗马诗人，还有乔叟的《特洛伊罗斯与克丽西达》、莎士比亚的《特洛伊罗斯与克瑞西达》、卡米尔·圣桑的歌剧《海伦娜》（1904）、詹姆斯·乔伊斯的《尤利西斯》，以及银幕上对史诗的各种不同演绎——自20世纪初以来，出现了许多以特洛伊战争、海伦、阿喀琉斯、奥德修斯和/或特洛伊木马为主题的电影。

在这些后期作品中，有一些作品的部分细节或情节可能被认为是不准确的，或者不忠实于荷马的描述——例如，在2004年的好莱坞大片中，没有出现男神或女神；布拉德·皮特把硬币放在死去的帕特洛克罗斯闭上的眼睛上，这显得不合时宜，因为这种货币在大约五百年后的公元前7世纪才在吕底亚被发明出来；阿伽门农和墨涅拉俄斯都在特洛伊被杀，而帕里斯/亚历山大却没有，从而改变了人们所熟知的荷马/《史诗集成》版本中的内容——但这是一个由来已久的传统，可以追溯到希腊剧作家时期，他们在继承荷马的同时，也自认为可以自由地改变其中的一些细节。更重要的是，每个人都在以自己的方式重新诠释这个传说，其中的某些变化和细微差别通常反映出那个特定时代的焦虑和欲望，例如中世纪的基督教之于乔叟，伊丽莎白时代的世界观之于莎士比亚，以及伊拉克战争之于电影《特洛伊》的导演沃尔夫冈·彼得森。

对各个时代而言，战争的重要性显而易见，也许最能说明这一点的是帕特里克·肖-斯图尔特的一首无题诗。帕特里克·肖-斯图尔特是一位来自牛津的古典文化学者，他在第一次世界大战中曾参加过加里波利之战，而加里波利与特洛伊之间就只隔着达达尼尔海峡。他如是写道：

> 哦，船只和城市见鬼去吧，
> 像我这样的人见鬼去吧，
> 支持海伦令人丧命，
> 我为什么必须追随你？
>
> 阿喀琉斯来到了特洛伊，
> 而我来到了克尔索涅斯半岛，
> 他带着愤怒走向战场，
> 而我却刚经历了三天的和平。
>
> 有那么难吗，阿喀琉斯
> 那么难以丧命吗？
> 你最知晓，而我则不知
> 而我也更开心。

1964年，著名历史学家摩西·芬利提议，在找到更多证据之前，我们应该将特洛伊战争的叙述从历史领域转移到神话和诗歌领域。许多人会争辩说，我们现在有了额外的证据，特别是论述阿希亚瓦和维鲁萨的赫梯文献以及来自特洛伊的新考古数据。然而，我们已经看到，不存在人们可以最终确定的“特洛伊战争”，至少不像荷马在《伊利亚特》和《奥德赛》中所描述的那样。相反，我们已经在特洛伊发现了几座城市，而且发现这里发生了几场这样的特洛伊战争，这足以让人们得出结论，所有故事背后都存在某种历史真相的内核。

特别是在宙斯、赫拉和其他众神卷入战争时，现实与幻想之间的界限可能会变得模糊。我们可能会在一些细节上争论不休，但总体而言，特洛伊和特洛伊战争就在它们该在的地方，它们存在于安纳托利亚西北部，并被镌刻在青铜器时代晚期的世界里，就像我们现在从考古发掘和赫梯记录中所知道的那样，而且我们还在荷马和《史诗集成》中发现了与此相关的古希腊文学证据。此外，爱情、荣誉、战争、亲情和责任等经久不衰的主题引起了后来希腊人和罗马人的共鸣，然后从埃斯库罗斯、索福克勒斯和欧里庇得斯到维吉尔、奥维德和李维，再到乔叟、莎士比亚和后来的作家，这些主题持续影响着各个时代。因此，即使到了今天——在最初的那些事件或者某些由此演变的事件发生三千多年之后，这个传说仍然具有广泛的吸引力。

词汇表：人物和地名

阿喀琉斯（Achilles）：希腊英雄。

埃斯库罗斯（Aeschylus）：公元前5世纪古希腊剧作家。

《埃塞俄比斯》（*Aethiopis*）：《史诗集成》的一部分。

阿伽门农（Agamemnon）：斯巴达国王墨涅拉俄斯的哥哥；希腊大陆迈锡尼国王。

阿基亚斯（Agias），来自特洛伊西纳（Troezen）：可能是《返乡》的作者。

阿希亚瓦（Ahhiyawa）：可能是迈锡尼语中“希腊”的赫梯语名称。

埃阿斯（Ajax）：可能出自更早希腊神话中的希腊英雄。

阿卡德语（Akkadian）：公元前2千纪古近东地区使用的口头和书写语言；当时的外交通用语。

阿拉克山杜（Alaksandu）：维鲁萨国王，统治期约为公元前1280年前后。

阿拉克山杜条约（Alaksandu Treaty）：维鲁萨的阿拉克山杜与赫梯国王穆瓦塔利二世于公元前1280年签署的冗长条约。

亚历山大（Alexander）：特洛伊王子帕里斯的别名；普里阿

摩斯的儿子；海伦的情人。

阿芙洛狄忒(Aphrodite): 象征爱与美的希腊女神。

阿克提努斯(Arctinus), 来自米利都(Miletus): 可能是《埃塞俄比斯》和《特洛伊的毁灭》的作者。

阿尔努旺达一世(Arnuwanda): 赫梯国王，图达里亚一世/二世的继任者；统治期约为公元前1420年前后。

阿苏瓦(Assuwa): 约公元前1420年前后，安纳托利亚西部22个城邦组成的联盟。

雅典娜(Athena): 集智慧、勇气和其他特质于一身的希腊女神。

阿塔里希亚(Attarissiya): 阿希亚瓦统治者。

克吕泰墨斯特拉(Clytemnestra): 阿伽门农的妻子。

《塞普里亚》(*Cypria*):《史诗集成》的一部分。

塞普里亚斯(Cyprias), 来自哈利卡纳苏斯(Halicarnassus): 可能是《塞普里亚》的作者。

厄帕俄斯(Epeius): 希腊勇士，建造了特洛伊木马。

《史诗集成》(*Epic Cycle*): 关于特洛伊战争的史诗故事的零散收集。

欧里庇得斯(Euripides): 古希腊剧作家，生活在公元前5世纪。

哈图西里三世(Hattusili III): 赫梯国王（统治期约为公元前1267年至公元前1237年）。

赫克托(Hector): 特洛伊英雄。

赫克犹巴(Hecuba): 特洛伊国王普里阿摩斯的妻子。

赫格西亚斯(Hegesias),来自萨拉米斯(Salamis): 可能是《塞普里亚》的作者。

海伦(Helen): 墨涅拉俄斯的妻子；迈锡尼斯巴达的王后；亚历山大/帕里斯的情人。

赫拉(Hera): 宙斯的妻子。

赫拉克勒斯(Heracles): 希腊英雄；曾作为特洛伊战争之前的一代人袭击特洛伊。

希罗多德(Herodotus): 古希腊历史学家，生活在公元前5世纪。

希沙利克(Hisarlik): 最可能包含特洛伊古城遗址的山丘。

赫梯语(Hittite): 公元前2千纪安纳托利亚（今土耳其）地区使用的口头和书写语言。

赫梯国(Hittites): 安纳托利亚地区（今土耳其）的主要国家，存在于公元前1700年至公元前1200年。

荷马(Homer): 据说是《伊利亚特》和《奥德赛》的作者，生活在公元前750年前后。

《伊利亚特》(*Iliad*): 一部描述特洛伊战争末期情况的荷马史诗。

伊利昂(Ilios): 特洛伊的另一个名称，原写作“Wilios”。

《伊利昂的毁灭》(《特洛伊的毁灭》)(*Iliupersis*):《史诗集成》的一部分。

伊菲革涅亚(Iphigenia): 阿伽门农的女儿；为了让迈锡尼

舰队在奥利斯获得有利风势，阿伽门农同意将其献祭。

库库里（Kukkulli）：阿苏瓦国王（统治期为公元前1420年前后），皮雅玛-库伦塔（Piyama-Kurunta）之子。

拉俄墨冬（Laomedon）：赫拉克勒斯袭击时的特洛伊国王，普里阿摩斯前任。

米提林尼的莱切斯（Lesches of Mitylene）：可能是《小伊利昂》的作者。

《小伊利昂》（*Little Iliad*）：《史诗集成》的一部分。

卢维语（Luwian）：公元前2千纪安纳托利亚（今土耳其）地区使用的口头和书写语言。

马杜瓦塔（Madduwatta）：在阿希亚瓦书信往来中经常提及的一位赫梯附属国国王。

玛纳帕-塔胡恩塔（Manapa-Tarhunta）：特洛阿德以南赛哈河国的国王（统治期为公元前13世纪）。

墨涅拉俄斯（Menelaus）：海伦的丈夫；阿伽门农的弟弟；迈锡尼斯巴达国王。

米拉瓦塔（Milawata）：米利都城的赫梯语名称，位于小亚细亚/安纳托利亚海岸地区。

米拉瓦塔的书信（Milawata Letter）：可能为公元前13世纪后期赫梯国王图达里亚四世（统治期约为公元前1237年至公元前1209年）书写和发出的书信；与米拉瓦塔（即米利都）以及一位参与阿希亚瓦战事的“变节的赫梯将军”皮亚马拉都斯持续开展的行动有关。

米诺斯人（Minoans）：青铜时代爱琴海地区克里特岛上的居民。

穆瓦塔利二世（Muwattalli II）：赫梯国王（统治期为公元前1295年至公元前1272年）。

迈锡尼（Mycenae）：公元前1700年至公元前1100年间，希腊大陆伯罗奔尼撒半岛地区迈锡尼人的主要城市；施里曼在19世纪70年代首次发掘出该城。

迈锡尼人（Mycenaeans）：亚该亚人（Achaeans）；公元前1700年至公元前1200年期间的希腊大陆定居者。

涅斯托尔（Nestor）：希腊大陆皮洛斯（Pylos）国王。

奥德修斯（Odysseus）：希腊英雄。

《奥德赛》（*Odyssey*）：荷马史诗，讲述特洛伊战争之后奥德修斯的归家旅途。

奥维德（Ovid）：古罗马诗人，生活在公元前1世纪至公元1世纪。

帕里斯（Paris）：特洛伊王子亚历山大的别名；普里阿摩斯之子；海伦的情人。

帕特洛克罗斯（Patroclus）：阿喀琉斯忠诚的朋友；身穿阿喀琉斯的盔甲参战时被杀。

菲罗克忒忒斯（Philoctetes）：用箭射中阿喀琉斯脚后跟杀死了他。

皮雅玛-库伦塔（Piyama-Kurunta）：公元前1420年前的阿苏瓦联盟领袖。

皮亚马拉都斯（Piyamaradu）：公元前13世纪，一位参与阿希亚瓦战事的“变节的赫梯将军”。

普里阿摩斯（Priam）：特洛伊战争时期特洛伊国王。

普罗克洛斯（Proclus）：《史诗集成》的编纂者，生活在公元2世纪或5世纪。

昆图斯·斯密尔奈乌斯（Quintus Smyrnaeus）：公元4世纪的史诗诗人。

《返乡》（*Returns*）：《史诗集成》的一部分。

海上民族（Sea Peoples）：公元前1207年至公元前1177年间两次穿越地中海地区的漂泊/迁徙族群；可能为终结该地区青铜时代晚期做出过贡献。

索福克勒斯（Sophocles）：古希腊剧作家，生活在公元前5世纪。

塞浦路斯的斯达西努斯（Stasinus）：可能是《塞普里亚》的作者。

苏彼鲁流玛一世（Suppiluliuma I）：一位伟大的赫梯国王（统治期为公元前1350年至公元前1322年）。

塔瓦伽拉瓦（Tawagalawa）：名字以赫梯语字母书写，阿希亚瓦国王的兄弟，生活在公元前13世纪中期。

塔瓦伽拉瓦的书信（Tawagalawa Letter）：可能由赫梯国王哈图西里三世（统治期为公元前1267年至公元前1237年）书写；书信与一位参与阿希亚瓦（可能是迈锡尼人）战事的“变节的赫梯将军”皮亚马拉都斯开展的行动有关。

忒勒马科斯（Telemachus）：奥德修斯之子。

铁乌特拉尼亚（Teuthrania）：遭到阿喀琉斯和其他迈锡尼人错误袭击的特洛伊以南地区。

特洛伊人（Trojans）：古特洛伊的居民。

特洛伊（Troy）：伊利昂；普里阿摩斯、亚历山大/帕里斯以及赫克托的故乡；特洛伊战争发生地；可能与如今土耳其境内的希沙利克有关。

图达里亚一世/二世（Tudhaliya I/II）：赫梯国王（统治期为约公元前1450年至公元前1420年），镇压了阿苏瓦叛乱。

图达里亚四世：赫梯国王（统治期为约公元前1237年至公元前1209年）。

维吉尔（Virgil）：古罗马史诗诗人，生活在公元前1世纪。

瓦尔姆（Walmu）：维鲁萨国王，统治期为公元前13世纪晚期。

维鲁萨（Wilusa）：可能是特洛伊（伊利昂）的赫梯语名称。

扎南扎（Zannanza）：赫梯王子，苏彼鲁流玛一世之子；公元前14世纪中期在前往古埃及途中被杀。

宙斯（Zeus）：古希腊敬奉的众神之首。

译名对照表

A

Abraham 亚伯拉罕

Achaean(s)/Achaian(s) 亚该亚人

Achilles 阿喀琉斯

Acrotiri 阿克罗蒂里

Aegina 埃伊纳

Aegisthus 埃癸斯托斯

Aeneas 埃涅阿斯

Aeschylus 埃斯库罗斯

Aethiopis《埃塞俄比斯》

Agamemnon 阿伽门农

Agamemnon (play by Aeschylus) 戏剧《阿伽门农》(作者为埃斯库罗斯)

Agias of Troezen 特洛伊西纳的阿基亚斯

Ahhiya 阿希亚

Ahhiyawa 阿希亚瓦

Ahhiyawan(s) 阿希亚瓦人

Ajax 埃阿斯

Ajax the lesser 小埃阿斯

Akkadian 阿卡德语

Alaksandu (of Wilusa) 维鲁萨的阿拉克山杜

Alaksandu Treaty《阿拉克山杜条约》

Alexander 亚历山大

Alexander the Great 亚历山大大帝

Amorites 亚摩利人

Anatolia 安纳托利亚；见 Asia Minor; Turkey

Annals of Tudhaliya《图达里亚编年史》

Aphrodite 阿芙洛狄忒

Apollo 阿波罗

Apollodorus 阿波罗多罗斯

Arctinus of Miletus 米利都的阿克提努斯

Argives 阿尔戈斯人

Argos 阿尔戈斯

Ariadne 阿里阿德涅

Aristotle 亚里士多德

Armageddon 哈米吉多顿

Arnuwanda I 阿尔努旺达一世

Arrowheads 箭头

Arzawa 阿尔萨瓦

Asia 亚洲

Asia Minor 小亚细亚

Assuwa 阿苏瓦

Assuwa Rebellion 阿苏瓦叛乱

Assuwan(s) 阿苏瓦人

Assyrians 亚述人

Astyanax 阿斯蒂阿纳克斯

Athena 雅典娜

Athenaeus of Naucratis 瑙克拉提斯的阿特纳奥斯

Athens 雅典

Atlantis 亚特兰蒂斯

Atreus 阿特柔斯

Attarissiya 阿塔里希亚
Attica 阿提卡半岛
Aulis 奥利斯海港

B

Babylonians 巴比伦人
Balli Dagh 巴利达格
Bathsheba 拔示巴
Berlin Museum 柏林博物馆
Besik tepe 比斯克山丘
Black Sea 黑海
Blegen, Carl 卡尔·布雷根
Boars'-tusk helmet 野猪獠牙装饰的头盔
Bolan, John 约翰·博兰
Bonn 波恩
Braunschweig 不伦瑞克
Briseis 布里塞伊斯
Bronze Age 青铜器时代
Bronze Age Greece 青铜器时代的希腊
Bryce, Trevor 特雷沃·布莱斯
Bryn Mawr College 布林莫尔学院
Bunarbasi 布纳尔巴西
Burckhardt, Johann Ludwig 约翰·路德维格·伯克哈特
Butler, Samuel 塞缪尔·巴特勒

C

Calder, William III 威廉·考尔德
California gold rush 加利福尼亚淘金热
Calvert, Frank 弗兰克·卡尔弗特
Canaan 迦南
Canaanites 迦南人
Carter, Howard 霍华德·卡特
Catalogue of Ships 船舶目录
Chanson de Roland《罗兰之歌》
Chariot(s) 双轮战车
Charioteers 双轮战车驭手
Chaucer, Geoffrey 杰弗里·乔叟
Chios 希俄斯岛
Chryseis 克律塞伊斯
Cilicia 奇里乞亚
Clement of Alexandria 亚历山大城的克莱门特
Clytemnestra 克吕泰墨斯特拉
Contested periphery 有争议的外围地区
Cornell University 康奈尔大学
Courtyard House 庭院式住宅
Cremation 火葬
Crete 克里特岛
Crimea 克里米亚
Cycladic Islands 基克拉泽斯群岛
Cypria《塞普里亚》
Cyprias of Halicarnassus 哈利卡纳苏斯的塞普里亚斯
Cyprus 塞浦路斯
Cyrus the Great 居鲁士大帝

D

Danaans 达南人
Dardanelles 达达尼尔海峡
Death Pits of Ur 乌尔死亡坑
Defensive ditch 防御壕
Delos 提洛岛
Dendra 登德拉
Diodorus 狄奥多罗斯
Diomedes 狄俄墨得斯
Doctor Faustus《浮士德博士》
Dodecanese Islands 多德卡尼斯群岛

Dörpfeld, Wilhelm 威廉·德普费尔德
Drought 干旱

E

Early Bronze Age 青铜器时代早期
Earthquake(s) 地震
Egypt 埃及
Electra 厄勒克特拉
Engastromenos, Sophia 索菲亚·恩加斯特罗梅诺斯
England 英格兰
Epeius 厄帕俄斯
Ephron the Hittite 赫梯人埃夫龙
Epic Cycle《史诗集成》
Eratosthenes 埃拉托色尼
Eris 厄里斯
Eteokles 厄忒俄克勒斯
Ethiopia 埃塞俄比亚
Eugammon of Cyrene 昔兰尼的欧伽蒙
Euripides 欧里庇得斯

F

Fall of Troy《特洛伊的陷落》
Ferdinand, Archduke 斐迪南大公
Fillmore, Millard 米勒德·菲尔莫尔
Finley, Moses 摩西·芬利
First Cemetery 第一公墓
Forrer, Emil 埃米尔·弗雷尔

G

Gallipoli 加里波利
Genesis《创世记》
Germany 德国
Greaves 护胫甲
Greeks 希腊人

H

Halicarnassus 哈利卡纳苏斯
Hapalla 哈帕拉
Hattusa (modern Bogazköy) 哈图沙（今博阿兹科伊）
Hattusili III 哈图西里三世
Hebrew Bible《希伯来圣经》
Hector 赫克托
Hecuba 赫克犹巴
Hegesias of Salamis 萨拉米斯的赫格西亚斯
Helen 海伦
Hellespont 达达尼尔海峡
Hera 赫拉
Heracles 赫拉克勒斯
Herodotus 希罗多德
Hisarlik 希沙利克
Hittite(s) 赫梯人
Hittite Empire 赫梯帝国
Hivites 希未人
Homer 荷马
Homeric Question 荷马诸问题
Hoplite 重装步兵
Horse(s) 战马

I

Idomeneus 伊多墨纽斯
Iliad《伊利亚特》
Ilios 伊利昂
Iliupersis (*Sack of Troy*)《伊利昂的毁灭》(《特洛伊的毁灭》)
Inhumation 土葬
Inlaid daggers 镶嵌饰品的匕首
Ios 伊奥斯岛
Iphigenia 伊菲革涅亚

Iphigenia at Aulis《奥利斯的伊菲革涅亚》
Iraq 伊拉克
Ireland 爱尔兰
Iron Age Greece 铁器时代的希腊
Isaac 以撒
Israel 以色列
Ithaca 伊塔卡
Izmir 伊兹密尔

J

Jablonka, Peter 彼得・雅布隆卡
Jebusites 耶布斯人
Jerusalem 耶路撒冷
Joyce, James 詹姆斯・乔伊斯

K

Karnak Temple 卡纳克神庙
Kashka 卡什卡人
Kisnapili 基斯纳比利
Knidus 尼多斯
Knossos 克诺索斯
Kolb, Frank 弗兰克・库伯
Korfmann, Manfred 曼弗雷德・考夫曼
Kukkulli 库库里

L

Lachish 拉吉
Laertes 拉厄尔忒斯
Laocoön 拉奥孔
Laomedon 拉俄墨冬
Late Bronze Age 青铜器时代晚期
Lebanon 黎巴嫩
Lemnos 利姆诺斯岛
Lesbos 莱斯沃斯岛
Lesches of Mitylene 米提林尼的莱切斯
Libya 利比亚
Linear B 线形文字 B
Lion Gate at Mycenae 迈锡尼的狮门
Little Iliad《小伊利昂》
Livy 李维
Lower City (at Troy) 贫民区(位于特洛伊)
Luwian 卢维语
Luxor 卢克索
Lydia 吕底亚

M

Maclaren, Charles 查尔斯・麦克拉伦
Madduwatta 马杜瓦塔
Magnetometer(s) 磁力计
Manapa-Tarhunta 玛纳帕–塔胡恩塔
Marlowe, Christopher 克里斯托弗・马洛
Masada 马萨达
Mediterranean 地中海地区
Megiddo 美吉多
Memnon 门农
Menelaus 墨涅拉俄斯
Meriones 墨里奥涅斯
Merneptah 法老美楞普塔
Mesopotamia 美索不达米亚
Metamorphoses《变形记》
Milawata (Miletus) 米拉瓦塔(米利都城)见 Miletus
Milawata Letter 米拉瓦塔的书信
Miletus 米利都城
Miller, Stella 斯特拉・米勒
Miniature Fresco (Acrotiri) 微型壁画(阿克罗蒂里壁画)
Minoans 米诺斯人

Minos 米诺斯
Moscow 莫斯科
Moses 摩西
Mount Ida 伊达山
Mount Olympus 奥林匹斯山
Mountjoy, Penelope 佩内洛普·芒乔伊
Mursili II 穆尔西里二世
Muwattalli II 穆瓦塔利二世
Mycenae 迈锡尼
Mycenaean(s) 迈锡尼人
Mycenaean civilization 迈锡尼文明
Mycenaean palaces 迈锡尼宫殿
Mycenaean pottery 迈锡尼陶器

N

Naples 那不勒斯
Neoanalysis 新分析
Neoanalysis School 新分析学派
Neo-Hittites 新赫梯人
Nestor 涅斯托尔
Niebelungleid《尼伯龙人之歌》
Nineveh 尼尼微
North Anatolian fault line 北安纳托利亚大断层线
Nostoi《诺斯托伊》

O

Odysseus 奥德修斯
Odyssey《奥德赛》
Olive oil 橄榄油
Orestes 俄瑞斯忒斯
Ovid 奥维德

P

Paris 帕里斯
Parry, Milman 米尔曼·帕里
Patroclus 帕特洛克罗斯
Peleus 珀琉斯
Penelope 珀涅罗珀
Penthesileia 彭忒西勒亚
Perizzites 比利洗人
Pernicka, Ernst 恩斯特·佩尼卡
Peterson, Wolfgang 沃尔夫冈·彼得森
Philoctetes 菲罗克忒忒斯
Phoenicia 腓尼基
Pindar 品达
Pitt, Brad 布拉德·皮特
Piyama-Kurunta 皮雅玛–库伦塔
Piyamaradu 皮亚马拉都斯
Poliochni 波利奥克尼
Poseidon 波塞冬
Posthomerica《续荷马史诗》
Powell, Barry 巴里·鲍威尔
Priam 普里阿摩斯
Priam's Treasure "普里阿摩斯宝藏"
Proclus 普罗克洛斯
Pushkin Museum 普希金博物馆

Q

Qadesh 卡叠什战役
Quintus Smyrnaeus 昆图斯·斯密尔奈乌斯

R

Ramses II 拉美西斯二世
Ramses III 拉美西斯三世
Remote sensing 遥感
Remus 瑞摩斯
Returns (*Nostoi*)《返乡》(《诺斯托伊》)
Roman period 罗马时期

Romans 罗马人
Romulus 罗慕路斯
Rose, C. Brian 布莱恩·罗斯
Rubens, Peter Paul 彼得·保罗·鲁本斯

S

Sack of Troy《特洛伊的毁灭》
Sacramento 萨克拉门托
Saint-Saëns, Camille 卡米尔·圣桑
San Francisco 旧金山
Santorini 圣托里尼岛
Sarah 萨拉
Sargon the Great 阿卡德王萨尔贡
Sayce, A. H. 塞斯
Scandinavia 斯堪的纳维亚半岛
Schachermeyr, Fritz 弗里茨·沙赫迈尔
Schliemann, Agamemnon 阿伽门农·施里曼
Schliemann, Andromache 安德洛玛刻·施里曼
Schliemann, Heinrich 海因里希·施里曼
Schliemann, Katarina 凯塔琳娜·施里曼
Schliemann, Sophia 索菲亚·施里曼
Sea Peoples 海上民族
Seal (bronze) 青铜印章
Seha River Land 赛哈河国
Sennacherib 辛那赫里布
Shaft Graves (Mycenae) 迈锡尼的"竖井墓穴"
Shakespeare, William 威廉·莎士比亚
Shaw-Stewart, Patrick 帕特里克·肖-斯图尔特
Sidon 西顿
Siege engine 攻城器械
Silver-studded swords 镶银剑
Skamandros 斯卡曼德罗斯
Sling stones 投石器石弹
Smyrna (Izmir) 士麦那(伊兹密尔)
Solomon 所罗门
Sommer, Ferdinand 费迪南德·萨默
Sophocles 索福克勒斯
Sparta 斯巴达
Spear(s) 长矛
Spearheads 矛头
Spindle whorls 纺锤
Spring Cave "泉洞"
Stasinus of Cyprus 塞浦路斯的斯达西努斯
Strauss, Barry 巴里·施特劳斯
Stromata《杂文集》
Stuttgart 斯图加特
Suppiluliuma I 苏彼鲁流玛一世
Sword(s) 剑
Sword (inscribed, at Hattusa) 剑(刻有铭文,位于哈图沙)
Syria 叙利亚

T

Taruisa 塔鲁伊萨
Tawagalawa 塔瓦伽拉瓦
Tawagalawa Letter 塔瓦伽拉瓦的书信
Telegonus 忒勒戈诺斯
Telegony《泰列格尼》
Telemachus 忒勒马科斯
Temple of Aphaia 阿帕亚神庙
Temple of Athena 雅典娜神庙
Tenedos 特内多斯岛
Teuthrania 铁乌特拉尼亚

Theseus 忒修斯
Thetis 忒提斯
Thucydides 修昔底德
Thutmose III 图特摩斯三世
Tiryns 梯林斯
Tower Shield 塔盾
Traill, David 戴维・特雷尔
Troad 特洛阿德
Troia 特罗亚
Trojan Grey Ware “特洛伊灰陶器”
Trojan Horse “特洛伊木马”
Trojan War(s) “特洛伊战争”
Trojans 特洛伊人
Troy 特洛伊
Troy I 特洛伊 I
Troy II 特洛伊 II
Troy III 特洛伊 III
Troy IV 特洛伊 IV
Troy V 特洛伊 V
Troy VI 特洛伊 VI
Troy VIf 特洛伊 VIf
Troy VIh 特洛伊 VIh
Troy VIi 特洛伊 VIi
Troy VIj 特洛伊 VIj
Troy VII 特洛伊 VII
Troy VIIa 特洛伊 VIIa
Troy VIIb 特洛伊 VIIb
Troy VIII 特洛伊 VIII
Tudhaliya I/II 图达里亚一世 / 二世
Tudhaliya IV 图达里亚四世
Turkey 土耳其
Tutankhamun 图坦卡蒙

U

Ugarit 乌加里特
University of Cincinnati 辛辛那提大学
University of Tübingen 图宾根大学
Uriah the Hittite 赫梯人乌利亚

V

Virgil 维吉尔

W

Walmu 瓦尔姆
Watkins, Calvert 卡尔弗特・沃特金斯
Weaving 编织
(W)Ilios 伊利昂
Wilusa/Wilusiya 维鲁萨 / 维鲁西亚
Wilusiad《维鲁西阿德》
Wolf, Friedrich August 弗雷德里希・奥古斯特・沃尔夫

X

Xanthos 桑索斯

Y

Yugoslavia 南斯拉夫

Z

Zannanza 詹南扎
Zeus 宙斯

参考文献

Throughout, translations from the *Iliad* follow A. T. Murray, *The Iliad, Books 1–12*; revised by William F. Wyatt (Cambridge, MA: Harvard University Press, 1999); Richmond Lattimore, *The Iliad of Homer* (Chicago: University of Chicago Press, 1961); or Robert Fagles, *Homer: The Iliad* (New York, Penguin, 1991). Those from the *Odyssey* follow A. T. Murray, *The Odyssey* (Cambridge, MA: Harvard University Press, 1984); from the *Epic Cycle* follow H. G. Evelyn-White, *Hesiod, the Homeric Hymns and Homerica* (London: W. Heinemann, 1914); from *Quintus Smyrnaeus* follow Alan James, *Quintus Smyrnaeus: The Trojan Epic (Posthomerica)* (Baltimore: Johns Hopkins University Press, 2004); from Herodotus follow George Rawlinson, *Herodotus: The Histories* (New York: Random House, 1997); and from the Hittite Ahhiyawa texts follow Gary Beckman, Trevor Bryce, and Eric H. Cline, *The Ahhiyawa Texts* (Atlanta: Society of Biblical Literature, 2011). Information regarding the finds from the recent excavations at Troy comes primarily from articles in the periodical *Studia Troica*, published annually from 1991 to 2009; many are in English but most are in German.

Chapter 2: The war in historical context

"The foreign countries made a conspiracy in their islands": Translation following W. F. Edgerton and J. A. Wilson, *Historical Records of Ramses III: The Texts in Medinet Habu*, vols. 1 and 2 (Chicago: University of Chicago Press, 1936), 53, pl. 46; revised translation found in J. A. Wilson, "The War Against the Peoples of the Sea," in *Ancient Near Eastern Texts Relating to the Old Testament, Third*

Edition with Supplement, ed. J. Pritchard, 262–263 (Princeton, NJ: Princeton University Press, 1969).

Chapter 3: Homeric questions

"invented by a single human being": Jay Tolson, "Was Homer a Solo Act or a Bevy of Bards? Classicists Have Few Clues but Lots of Theories," *US News and World Report*, July 24, 2000, 39; available online at: http://www.usnews.com/usnews/doubleissue/mysteries/homer.htm (last accessed November 4, 2012).

Chapter 4: The Hittite texts

"As Tudhaliya the Great King shattered the Assuwa country": Translation following Ahmet Ünal, A. Ertekin, and I. Ediz, "The Hittite Sword from Bogazkoy—Hattusa, Found 1991, and Its Akkadian Inscription," *Muze* 4 (1991): 51.

"When They Came from Steep Wilusa": Calvert Watkins, "The Language of the Trojans," in *Troy and the Trojan War: A Symposium Held at Bryn Mawr College, October 1984*, ed. Machteld J. Mellink, 45–62, esp. pp. 58–62 (Bryn Mawr, PA: Bryn Mawr College, 1986).

"outright war, a skirmish or two, or merely a verbal dispute": Commentary by Trevor Bryce, in *The Ahhiyawa Texts*, ed. Gary Beckman, Trevor Bryce, and Eric H. Cline, 121 (Atlanta: Society of Biblical Literature, 2011).

Chapter 5: Early excavators

"cut out the Treasure with a large knife": David A. Traill, *Schliemann of Troy: Treasure and Deceit* (New York: St. Martin's Griffin, 1995), 111, quoting Heinrich Schliemann, *Troy and Its Remains: A Narrative of Researches and Discoveries Made on the Site of Ilium, and in the Trojan Plain* (New York: Benjamin Blom, Inc., 1875).

"The long dispute over the existence of Troy": Michael Wood, *In Search of the Trojan War*, 2nd ed. (Berkeley: University of California Press, 1996), 91, citing and translating Wilhelm Dörpfeld, *Troja und Ilion: Ergebnisse der Ausgrabungen in den vorhistorischen und historischen Schichten von Ilion, 1870–1894* (Athens: Beck & Barth, 1902).

Chapter 6: Returning to Hisarlik

"correspond with the observed facts": Carl W. Blegen, *Troy and the Trojans* (New York: Praeger, 1963), 145.

"even Dörpfeld had pointed out": Manfred Korfmann, "Die Arbeiten in Troia/Wilusa 2003; Work at Troia/Wilusa in 2003," *Studia Troica* 14 (2004): 5 and 14.

"we feel confident in attributing the disaster": Carl W. Blegen, John L. Caskey, and Marion Rawson, *Troy III: The Sixth Settlement* (Princeton, NJ: Princeton University Press, 1953), 331.

"the evidence supplied by the Cincinnati excavators": George Rapp Jr., "Earthquakes in the Troad," in *Troy: The Archaeological Geology*, ed. G. Rapp and J. A. Gifford, 55–56 (Princeton, NJ: Princeton University Press, 1982).

"everywhere marked by the ravages of fire": Carl W. Blegen, Cedric G. Boulter, John L. Caskey, and Marion Rawson, *Troy IV: Settlements VIIa, VIIb and VIII* (Princeton, NJ: Princeton University Press, 1958), 11–12.

"The fire-blackened wreckage": Carl W. Blegen, *Troy and the Trojans* (New York: Praeger, 1963), 162.

"an immediate reoccupation of the site": Carl W. Blegen, Cedric G. Boulter, John L. Caskey, and Marion Rawson, *Troy IV: Settlements VIIa, VIIb and VIII* (Princeton, NJ: Princeton University Press, 1958), 142.

"had we felt ourselves entirely free": Carl W. Blegen, Cedric G. Boulter, John L. Caskey, and Marion Rawson, *Troy IV: Settlements VIIa, VIIb and VIII* (Princeton, NJ: Princeton University Press, 1958), 144.

"excavated only with difficulty": Peter Jablonka, "Troy," in *The Oxford Handbook of the Bronze Age Aegean*, ed. Eric H. Cline, 853 (New York: Oxford University Press, 2010).

"a military event": Manfred Korfmann, "Troia—Ausgrabungen 1995," *Studia Troica* 6 (1996):7, see also 34–39.

"heaps of sling bullets": Manfred Korfmann, "Was There a Trojan War?" *Archaeology* 57/3 (2004): 37.

"due to destruction caused by war": Manfred Korfmann, "Die Arbeiten in Troia/Wilusa 2003; Work at Troia/Wilusa in 2003," *Studia Troica* 14 (2004): 15, table on 16.

"Now the evidence is burning and catastrophe with fire": Korfmann, in the transcript of the BBC documentary *The Truth of Troy*; http://www.bbc.co.uk/science/horizon/2004/troytrans.shtml (last accessed November 4, 2012).

"an unseemly bout of fisticuffs": Philip Howard, "Troy Ignites Modern-Day Passions," *Australian*, February 26, 2002, 12.

Epilogue

"the Trojan War motif": Susan Sherratt, "The Trojan War: History or Bricolage?" *Bulletin of the Institute for Classical Studies* 53.2 (2010):5. See also similar statements by Kurt A. Raaflaub, "Homer, the Trojan War, and History," *Classical World* 91/5 (1998): 393.

"altered the details of actual historical events": Suzanne Saïd, *Homer and the Odyssey* (Oxford: Oxford University Press, 2011) 76–77.

"Was it so hard, Achilles, So very hard to die?": originally published in the *London Mercury* 1:3 (January 1920): 267; reprinted in Elizabeth Vandiver, *Stand in the Trench, Achilles: Classical Receptions in British Poetry of the Great War* (Oxford: Oxford University Press, 2010), 270–271.

扩展阅读

The Trojan War

Alexander, Caroline. *The War that Killed Achilles: The True Story of Homer's Iliad and the Trojan War*. New York: Viking, 2009.

Blegen, Carl W. *Troy and the Trojans*. New York: Praeger, 1963.

Bryce, Trevor L. "The Trojan War." In *The Oxford Handbook of the Bronze Age Aegean*, ed. Eric H. Cline, 475–482. New York: Oxford University Press, 2010.

Castleden, Rodney. *The Attack on Troy*. Barnsley, UK: Pen & Sword Books, 2006.

Dickinson, Oliver. "Was There Really a Trojan War?" In *Dioskouroi. Studies presented to W. G. Cavanagh and C. B. Mee on the anniversary of their 30-year joint contribution to Aegean Archaeology*, ed. C. Gallou, M. Georgiadis, and G. M. Muskett, 189–197. Oxford: Archaeopress, 2008.

Fields, Nic. *Troy c. 1700–1250 BC*. Oxford: Osprey Publishing, 2004.

Finley, Moses I. "The Trojan War." *Journal of Hellenic Studies* 84 (1964):1–9.

Graves, Robert. *The Siege and Fall of Troy*. London: The Folio Society, 2005.

Korfmann, Manfred. "Was There a Trojan War? Troy Between Fiction and Archaeological Evidence." In *Troy: From Homer's Iliad to Hollywood Epic*, ed. Martin M. Winkler, 20–26. Oxford: Blackwell, 2007.

Latacz, Joachim. *Troy and Homer: Towards a Solution of an Old Mystery*. New York: Oxford University Press, 2004.

Raaflaub, Kurt A. "Homer, the Trojan War, and History." *Classical World* 91/5 (1998): 386–403.

Sherratt, Susan. "The Trojan War: History or Bricolage?" *Bulletin of the Institute for Classical Studies* 53.2 (2010): 1–18.

Strauss, Barry. *The Trojan War: A New History*. New York: Simon & Schuster, 2006.

Thomas, Carol G., and Craig Conant. *The Trojan War*. Westport, CT: Greenwood Press, 2005.

Thompson, Diane P. *The Trojan War: Literature and Legends from the Bronze Age to the Present*. Jefferson, NC: McFarland, 2004. [Accompanying and updated website: http://novaonline.nvcc.edu/Eli/Troy/BbVersion/Troy/index.html]

Winkler, Martin M., ed. *Troy: From Homer's Iliad to Hollywood Epic*. Oxford: Blackwell, 2007.

Wood, Michael. *In Search of the Trojan War*. 2nd ed. Berkeley: University of California Press, 1996.

Homer and other early literary sources

Burgess, Jonathan S. *The Tradition of the Trojan War in Homer & the Epic Cycle*. Baltimore, MD: Johns Hopkins University Press, 2001.

Dalby, Andrew. *Rediscovering Homer: Inside the Origins of the Epic*. New York: W. W. Norton, 2006.

Finkelberg, Margalit, ed. *The Homer Encyclopedia*. 3 vols. Oxford: Wiley-Blackwell, 2011.

James, Alan. *Quintus Smyrnaeus: The Trojan Epic (Posthomerica)*. Baltimore, MD: Johns Hopkins University Press, 2004.

Lord, Albert. With Steven Mitchell and Gregory Nagy, ed. *The Singer of Tales*. 2nd ed. Cambridge, MA: Harvard University Press, 2000.

Nagy, Gregory. *The Best of the Achaeans: Concepts of the Hero in Archaic Greek Poetry*. Baltimore, MD: Johns Hopkins University Press, 1979.

Parry, Adam, ed. *The Making of Homeric Verse: The Collected Papers of Milman Parry*. Oxford: Oxford University Press, 1971.

Powell, Barry B. *Homer*. 2nd ed. Oxford: Wiley-Blackwell, 2007.

Powell, Barry B. *Homer and the Origin of the Greek Alphabet*. Cambridge: Cambridge University Press, 1996.

Saïd, Suzanne. *Homer and the Odyssey*. Oxford: Oxford University Press, 2011.

Thomas, Carol G., ed. *Homer's History: Mycenaean or Dark Age?* Huntington, NY: Robert E. Krieger, 1977.

West, Martin L. "The Invention of Homer." *Classical Quarterly* 49 (1999): 364–382.

Willcock, Malcolm. "Neoanalysis." In *A New Companion to Homer*, ed. Ian Morris and Barry B. Powell, 174–192. Leiden: Brill, 1997.

Achilles and Helen of Troy

Austin, Norman. *Helen of Troy and Her Shameless Phantom*. Ithaca, NY: Cornell University Press, 2008.

Hughes, Bettany. *Helen of Troy: Goddess, Princess, Whore*. New York: Knopf, 2005.

Maguire, Laurie. *Helen of Troy: From Homer to Hollywood*. Oxford: Wiley-Backwell, 2009.

Shay, Jonathan. *Achilles in Vietnam: Combat Trauma and the Undoing of Character*. New York: Simon & Schuster, 1995.

Archaeology of Troy

Blegen, Carl W. *Troy and the Trojans*. New York: Praeger, 1963.

Blegen, Carl W., John L. Caskey, and Marion Rawson. *Troy III: The Sixth Settlement*. Princeton, NJ: Princeton University Press, 1953.

Blegen, Carl W., Cedric G. Boulter, John L. Caskey, and Marion Rawson. *Troy IV: Settlements VIIa, VIIb and VIII*. Princeton, NJ: Princeton University Press, 1958.

Dörpfeld, Wilhelm. *Troja und Ilion: Ergebnisse der Ausgrabungen in den vorhistorischen und historischen Schichten von Ilion, 1870–1894*. Athens: Beck & Barth, 1902.

Jablonka, Peter. "Troy." In *The Oxford Handbook of the Bronze Age Aegean*, ed. Eric H. Cline, 849–61. New York: Oxford University Press, 2010.

Mountjoy, Penelope A. "The Destruction of Troia VIh." *Studia Troica* 9 (1999): 253–293.

Mountjoy, Penelope A. "Troia VII Reconsidered." *Studia Troica* 9 (1999): 295–346.

Schliemann, Heinrich. *Ilios: the City and Country of the Trojans*. New York: Benjamin Blom, Inc., 1881.

Schliemann, Heinrich. *Troy and Its Remains: A Narrative of Researches and Discoveries Made on the Site of Ilium, and in the Trojan Plain*. New York: Benjamin Blom, 1875.

Heinrich Schliemann

Allen, Susan Heuck. *Finding the Walls of Troy: Frank Calvert and Heinrich Schliemann at Hisarlik*. Berkeley: University of California Press, 1999.

Boedeker, Deborah, ed. *The World of Troy: Homer, Schliemann, and the Treasures of Priam*. Proceedings from a Seminar sponsored by the Society for the Preservation of the Greek Heritage and held at the Smithsonian Institution on February 21–22, 1997. Washington, DC: Society for the Preservation of the Greek Heritage, 1997.

Calder, William A. III, and David A. Traill. *Myth, Scandal and History: The Heinrich Schliemann Controversy and a First Edition of the Mycenaean Diary*. Detroit, MI: Wayne State University Press, 1986.

Schuchhardt Carl. *Schliemann's Excavations: An Archaeological and Historical Study*; New York: Macmillan and Co., 1891.

Traill, David A. *Excavating Schliemann: Collected Papers on Schliemann*. Atlanta: Scholars Press, 1993.

Traill, David A. *Schliemann of Troy: Treasure and Deceit*. New York: St. Martin's Griffin, 1995.

Hittites

Bryce, Trevor. *The Kingdom of the Hittites*. New ed. New York: Oxford University Press, 2005.

Bryce, Trevor. *Life and Society in the Hittite World*. Oxford: Oxford University Press, 2004.

Bryce, Trevor. *The Trojans and Their Neighbors*. London: Routledge, 2006.

Bryce, Trevor. *The World of the Neo-Hittite Kingdoms: A Political and Military History*. New York: Oxford University Press, 2012.

Collins, Billie Jean. *The Hittites and Their World*. Atlanta: Society of Biblical Literature, 2007.

Mycenaeans

Castledon, Rodney. *The Mycenaeans*. London: Routledge, 2005.

Dickinson, Oliver T. P. K. *The Aegean Bronze Age*. Cambridge: Cambridge University Press, 1994.

Finley, Moses I. *The World of Odysseus*. New York: Penguin, 1956.

French, Elizabeth. *Mycenae: Agamemnon's Capital*. Oxford: Tempus, 2002.

Schofield, Louise. *The Mycenaeans*. Malibu, CA: J. Paul Getty Museum, 2007.

Sea Peoples

Cline, Eric H., and David O'Connor. "The Sea Peoples." In *Ramesses III: The Life and Times of Egypt's Last Hero*, ed. Eric H. Cline and David O'Connor, 180–208. Ann Arbor: University of Michigan Press, 2012.

Roberts, R. Gareth. *The Sea Peoples and Egypt*. PhD diss. Oxford: University of Oxford, 2008.

Sandars, Nancy. *The Sea Peoples: Warriors of the Ancient Mediterranean, 1250–1150 B.C.* 2nd ed. London: Thames and Hudson, 1985.